ROLF GRAFF | JÜRGEN LANGENKÄMPER | KERSTIN RICKERT

Mindener Geheimnisse

BAND 2

SPANNENDES AUS DER WESERREGION
MIT KENNERN DER HEIMATGESCHICHTE

Mindener Tageblatt
RECHERCHIEREN | INFORMIEREN | KOMMENTIEREN

Graff, Rolf; Langenkämper, Jürgen; Rickert, Kerstin
Mindener Geheimnisse (Band 2) – Spannendes aus der Weserregion mit Kennern der Heimatgeschichte

MINDENER TAGEBLATT in Kooperation mit:
Bast Medien GmbH, St. Ulrich-Straße 11, 88662 Überlingen (verantwortlich)
2. Auflage 2021
ISBN: 978-3-946581-75-8

Lektorat: Lena Bast
Covergestaltung: Jarina Binnig, Cornelia Müller, Melanie Kunze
Layout: Homebase – Kommunikation & Design, Jarina Binnig
Satz: Melanie Kunze
Druck: Mohn Media Mohndruck GmbH, Gütersloh

Ein Titel der preisgekrönten Reihe *Geheimnisse der Heimat*

Inhalt

Vorwort

„Liebe Leserin, lieber Leser,

manche wissen es bereits: Unsere schöne Heimat birgt zahlreiche Geheimnisse. Vor allem ihre weit zurückreichende Geschichte hat viele Relikte hinterlassen, die aufmerksamen Beobachtern auffallen können. Ihre Bedeutung und Hintergründe sind jedoch meist nur Spezialisten bekannt – wenn überhaupt. Als das *Mindener Tageblatt* und der Bast-Verlag im Jahr 2016 anhand solcher Hinterlassenschaften einen ersten Band *Mindener Geheimnisse* mit 50 spannenden Geschichten aus der historischen Stadt an der Weser zusammenstellten, traf das offenbar einen Nerv. Schnell war die erste Auflage ausverkauft, eine zweite findet bis heute anhaltendes Interesse. Zahlreiche Reaktionen aus der Leserschaft bestätigten das Konzept, immer wieder wurde und wird der Wunsch nach mehr solcher Geschichten geäußert. Nun, hier sind sie.

Herausgeber und das – gegenüber dem ersten Band leicht veränderte – Autorenteam waren sich früh einig, dass diesmal der Blick auch über die Mauern Mindens hinaus gerichtet werden sollte. Natürlich ist die geschichtssatte alte Bischofs-, Residenz-, Garnisons- und Bürgerstadt mit allein mehr als 1220 Jahren dokumentierter, siedlungsgeschichtlich noch viel weiter zurückreichender Vergangenheit eine schier unerschöpfliche Fundgrube an Schlüssellöchern in die Zeit unserer Vorfahren. Doch auch die umliegenden Städte und Gemeinden, heute kommunalpolitisch als Porta Westfalica, Petershagen und

Hille organisiert, sind nicht erst in der Gebietsreform der siebziger Jahre des vorigen Jahrhunderts vom Himmel gefallen. Auch hier haben die Menschen Spuren ihrer Existenzen hinterlassen, die häufig Fragen aufwerfen bei jenen, die mit offenen Augen durchs Leben gehen.

50 weiteren solcher Geheimnisse haben Kerstin Rickert, Rolf Graff und Jürgen Langenkämper also für diesen kurzweiligen Band nachgespürt: Nicht trockene Historie, sondern die menschlichen Geschichten an, hinter, neben oder jenseits sonst im Vordergrund stehender Ereignisse und Entwicklungen stehen im Fokus ihrer Recherchen, die sie überwiegend mit der Unterstützung orts- und sachkundiger „Paten" zusammengetragen haben. Alle drei verfügen als langjährige Autoren, Redakteure und Redaktionsmitarbeiter des *Mindener Tageblatts* nicht nur über die notwendige Orts-, Personen- und Heimatgeschichtskenntnis, sondern als Kinder der Region auch über die Portion Heimatliebe, die ein solches Projekt zur Herzensangelegenheit werden lässt.

Herausgekommen ist ein erneut bunter Strauß an Geschichte und Geschichten, der „Ureinwohnern" wie Zugewanderten gleichermaßen Freude bereiten wird. Der Bogen spannt sich von Bierreklame bis Schweinebrunnen, von Kanonenkugel bis Lüftungsloch, von Brudermord bis Römerlager, von Kaiserkutsche bis Schlosskapelle – und vielem anderen mehr. Für kurzweilige Unterhaltung ist gesorgt, und dass man nebenbei immer ein bisschen schlauer wird, kein ungewollter Nebeneffekt.

Erneut viel Lesevergnügen und Entdeckerspaß wünscht Ihnen
Ihr

Christoph Pepper
Herausgeber

Die Autoren

Rolf Graff wurde 1952 mitten in der Mindener Altstadt geboren. Sein Geburtshaus, in dem er auch seine Kindheit verbrachte, gehört heute zum Mindener Museum. Als Mindener Buttjer kennt er viele alte und neue Geschichten der Bürger dieser Stadt und auch die unbekannten Ecken des Ortes. Seit 2001 schreibt er als freier Mitarbeiter für das *Mindener Tageblatt* über kulturelle Veranstaltungen. Bei der Arbeit im Archiv des *Mindener Tageblatts* stieß er immer wieder auf interessante historische Themen, über die er dann Artikel verfasste.

Jürgen Langenkämper, 1958 in Minden geboren und aufgewachsen, arbeitet seit 40 Jahren als Lokaljournalist. Aufgrund seines Geschichtsstudiums hegt er ein unbegrenztes Interesse für Menschen und gewachsene Strukturen in allen Zeiten. Für das *Mindener Tageblatt* beleuchtet er seit 20 Jahren Wendepunkte der Stadtgeschichte. Einer seiner Schwerpunkte ist das Gespräch mit Zeitzeugen. Den Spuren von Mindenern folgt er rund um die Welt und kehrt stets zu ihren Wurzeln in der Region zurück.

Kerstin Rickert, Jahrgang 1963, arbeitet seit 1993 als Journalistin. Sie begann als freie Mitarbeiterin für die Kulturredaktion des *Mindener Tageblatts.* Seit 2013 ist sie zudem für die Lokalredaktion im Einsatz. Ihr Augenmerk gilt den Menschen, die Minden und Umgebung lebens- und liebenswert machen, und den Geschichten, die sie zu erzählen haben. Außerdem interessiert sie sich für die Historie ihrer Heimat, in der sie nun zum zweiten Mal auf Geheimnissuche gegangen ist. Kerstin Rickert lebt in der Innenstadt von Minden.

Ruth Katzmareck erinnert die kleine Lokomotive an die ehemalige Bahnhofsgaststätte.

01

Werbe-Sgraffito

Zwischen Bahn und Bier

Da steht ein kleiner, leicht zu übersehender Schuppen auf dem Gelände des Bahnhofs der Mindener Museumseisenbahn. Er birgt ein Überbleibsel der ehemaligen Bahnhofsgaststätte, an die sich manch ein alter Mindener noch erinnert. Sein Geheimnis findet man auf der Rückseite: Hier prangt das Abbild einer kleinen Dampflokomotive, in deren Dampfschwaden der Schriftzug *Weser Pils* zu lesen ist.

Ruth Katzmareck, deren Vater einige Jahre lang Wirt in ebenjener Gaststätte war, erinnert die Werbegrafik an ein Stück Mindener Unternehmensgeschichte. Sie berichtet: „Gar nicht weit entfernt von dem Bahnhof wurde diese heimische Biermarke einst von der Aktienbrauerei Feldschlösschen an der Marienstraße gebraut." Die Firma wurde 1865 unter dem Namen Dampfbierbrauerei Feldschlösschen Brettholz & Denkmann gegründet und 1888 zur Aktien-Brauerei. Rund 100

Jahre lang, bis Anfang der 1980er, wurde hier Bier produziert. Ruth Katzmareck weiß: „Dieses Bier war nicht bei allen beliebt, aber es gehörte untrennbar zu den traditionellen Festen und der Kneipenkultur in Minden.“ Als das Bild mit der kleinen Lokomotive geschaffen wurde, konnte keiner ahnen, dass es einmal das alte Gebäude überdauern würde.

Der damalige Kreisheimatpfleger Dr. Gerhard Franke erfuhr im Jahr 1983 nur wenige Tage zuvor vom bevorstehenden Abriss der noch gut erhaltenen Gaststätte. Sie sollte für den Bau einer neuen Unterstellhalle der Museumseisenbahn Platz machen. Er tat alles, um die an der Wand der Bahnhofsgaststätte angebrachte Grafik mit der Dampflok zu retten. Er erkannte das kleine, zugegeben nette Werbebild als „Wandrelief von besonderer künstlerischer Bedeutung“, da er wusste, von wem es stammte: Hans Möller-Porta (1908-1962), einer der bekanntesten Mindener Nachkriegs-Maler hatte in den 1920er-Jahren dieses Sgraffito geschaffen, ein durch Kratzen erzeugtes Flachrelief aus farbigen Putz-Schichten. So etwas gab es nach Frankes Meinung in Minden nicht noch einmal.

Da auch der Museumsbahn-Verein mitspielte, blieb das Relief mit einem Teil der darunterliegenden Mauer erhalten und wurde in einen neu gebauten Schuppen integriert. Sechs Auszubildende im dritten Ausbildungsjahr des Handwerksbildungszentrums betätigten sich dann unter der Anleitung von Ausbilder Heinrich Backs als Restauratoren und versetzten das bunt übermalte Bild in den ursprünglichen, lediglich zweifarbigen Zustand zurück. So erinnert es noch heute diskret an längst vergangene Bier-Seligkeit.

Rolf Graff

So geht's zum Werbe-Sgraffito:

An der Kreuzung von Ringstraße und Stiftsallee steht der Bahnhof der Museumseisenbahn. Der kleine Schuppen mit der Grafik auf der Rückseite ist hinten am Rand der Ringstraße.

02

Mesusa

Glaubensbekenntnis im „Türpfosten“

Nur wenigen Passanten fällt im Vorbeigehen eine kleine, schräg angebrachte Kapsel im Türrahmen eines Hauses in der Goebenstraße im Ortskern von Petershagen auf. „Das ist eine Mesusa“, erklärt Wolfgang Battermann von der Arbeitsgemeinschaft Alte Synagoge Petershagen. Das hebräische Wort Mesusa (Plural: Mesusot) bedeutet wörtlich „Türpfosten“. Auch im Innern befindet sich an fast jedem Türrahmen eine Mesusa. „Die Mesusa am Türpfosten hat mein Freund Ralph Mendel 2011 aus Israel mit nach Petershagen gebracht und selbst am Türpfosten anmontiert“, erzählt Wolfgang Battermann, „sie besteht aus Jerusalem-Marmor.“

„Eine solche Kapsel wird an den rechten Türpfosten jüdischer Wohnhäuser und Wohnräume in einem vorgeschriebenen Winkel angebracht“, erklärt der Kenner jüdischer Geschichte weiter. Er enthüllt auch das Geheimnis ihres Inhalts. „Darin enthalten ist eine Pergamentrolle, auf der der Text aus 5. Mose 6, 4 bis 9, sowie 11, 13 bis 21 steht.“ Darauf steht das jüdische Glaubensbekenntnis „Schma Jisrael“, „Höre Israel“. Der Streifen ist so gerollt, dass durch eine Öffnung in der Kapsel das Wort „Schaddai“, Allmächtiger, sichtbar ist.

„Eine solche Kapsel wird an den rechten Türpfosten jüdischer Wohnhäuser und Wohnräume in einem vorgeschriebenen Winkel angebracht.“

Die Tür gehört zu einem in Norddeutschland einzigartigen Gebäudeensemble, das noch erhalten ist. In der Goebenstraße grenzt eine jüdische Schule unmittelbar an eine alte Synagoge. „Beide stehen unter Denkmalschutz“, sagt Wolfgang Battermann. Die Arbeitsgemeinschaft, in der er aktiv mitmacht, hat die Synagoge seit 1999 und die Schule ab 2008 mit großem Einsatz restauriert und wieder mit Leben gefüllt. Im großen Raum der Synagoge erhalten Besucher, dar-

Wolfgang Battermann weiß, wie die Mesusa an den Türrahmen der Jüdischen Schule in Petershagen kam.

unter auch viele Schüler- und Jugendgruppen, Informationen über das einst vielfältige jüdische Leben im Ort und in der Region. „Nachweislich siedelten sich Juden in Petershagen nach dem Mittelalter ab den 1540er-Jahren an.“ 1726 ist der erste jüdische Lehrer in der Kleinstadt dokumentiert.

Die Jüdische Schule liegt in der Goebenstraße links neben der Alten Synagoge Petershagen.

Der Eingang zum Schulgebäude, der auch der Zugang zur Synagoge ist, befand sich übrigens ursprünglich in der Mitte des Hauses. „Es ist anzunehmen, dass das Gebäude gleichzeitig mit der Vorgängersynagoge 1796 als Fachwerkbau errichtet wurde“, sagt Wolfgang Battermann. Ab 1844 erfolgte in einem Klassenraum an der westlichen Giebelseite der Unterricht für bis zu 24 Kinder aus den im Ort ansässigen jüdischen Familien, aber auch von weither. „Bei einem Umbau wurde der Klassenraum nach Süden zur Straße hin verlegt“, so Wolfgang Battermann – um den Sonnenschein besser zu nutzen. Der Eingang wurde nach rechts, zur Synagoge hin, an seine heutige Stelle verlegt und die Stube des Lehrers in den rückwärtigen Bereich. Stube und Klassenzimmer dienen heute als Ausstellungs- und Informationsraum.

Auch vor dem ersten nachgewiesenen jüdischen Lehrer Nachmann Leb, der 1726 aus Lübbecke kam, gab es vermutlich schon Unterricht für die Kinder. „Für das 18. Jahrhundert sind noch weitere sechs Lehrer belegt“, sagt Wolfgang Battermann. „Oft hatten sie auch die Funktion des Kantors und des Schächters inne.“ Die meisten Lehrer blieben nur kurze Zeit auf ihrer Stelle, weil die kleine Gemeinde nicht viel zahlen konnte – und dies zum Teil in Naturalien – oft bei freier

Kost und Logis. Kurz nach 1800 wuchs die Zahl der Schüler unter Levi Aaron sogar auf mehr als 20 an.

Im September 1844 gründete die jüdische Gemeinde eine private Religionsschule, die als Israelitische Elementarschule bezeichnet wurde. Die jüdischen Kinder brauchten fortan nicht mehr in die allgemeine Volksschule zu gehen. Der Unterricht ging am Morgen von 8 bis 12 Uhr und am Nachmittag von 13 bis 15 Uhr. „Auch sonntags war Unterricht", hebt Wolfgang Battermann hervor, „weil der Samstag dem Schabbat vorbehalten war."

Schon im nächsten Jahr musste die 50 Jahre alte Fachwerksynagoge wegen Baufälligkeit abgerissen werden. 1845/46 wurde der noch heute bestehende Backsteinbau errichtet. Er ist nur durch das Schulhaus zu betreten.

„Ungewöhnlich und vermutlich einzigartig in Preußen war, dass das Preußische Lehrerseminar in Petershagen unter seinem Direktor Friedrich-Wilhelm Vormbaum bis in die 1850er-Jahre eine stattliche Anzahl jüdischer Schulamtsbewerber ausgebildet hat", sagt Wolfgang Battermann weiter. Darunter war auch Michael Badt, der 1843 seinen Dienst antrat und Elementar- wie auch Religionsunterricht erteilte. Doch es gab weiterhin personelle Wechsel. In der 72-jährigen Schulgeschichte beschäftigte die jüdische Kultusgemeinde 15 verschiedene Lehrer. „Waren keine eigenen Lehrer vorhanden, besuchten die jüdischen Kinder die christlichen Schulen ihres Wohnortes."

„Der spätere Direktor des Israelitischen Lehrerseminars in Kassel war wohl der berühmteste Schüler der jüdischen Schule in Petershagen."

Eine Blütezeit erlebte die Schule unter ihrem Lehrer Raphael Lazarus, der 1854 kam und fast 20 Jahre blieb. Sein guter Ruf zog Schüler sogar aus Rahden, Diepenau, Oerlinghausen, Kirchbrak (bei Bodenwerder), Barenburg und Hannover an. Er initiierte die Gründung eines Israelitischen Frauen-Vereins in Petershagen und förderte die aktive Einbindung von Frauen ins Gemeindeleben. „Vermutlich ging auch die Synagogenordnung des Synagogenbezirks Petershagen von 1865 auf ihn zurück", sagt Wolfgang Battermann. Sein Sohn Felix, 1865 geboren, wurde ein bekannter Rabbiner und Autor.

„Der spätere Direktor des Israelitischen Lehrerseminars in Kassel war wohl der berühmteste Schüler der jüdischen Schule in Petershagen." 1873 verließ Raphael Lazarus mit seiner Familie Petershagen und machte in Duisburg Karriere.

Nach Lazarus' Weggang und trotz des Umbaus traten wieder Phasen des Stillstands, Rückschritts oder Niedergangs ein sowie häufiger Lehrerwechsel, vielfach mit unqualifizierten Lehrern, und auch Vakanzen. „Der zweifache Versuch, die jüdische Schule als öffentliche Schule anerkennen zu lassen, scheiterte", weiß Wolfgang Battermann. 1908 traten drei der gewichtigsten Gemeindemitglieder, Moses und Moritz Lindemeyer und Dr. med. Moritz Oppenheim, aus der Synagogengemeinde aus, was die Finanzierung der Schule für die verbleibenden Mitglieder erschwerte. „Der Kreisschulinspektor empfahl schon 1912 die Schließung der Schule", sagt Wolfgang Battermann. 1916, mitten im Ersten Weltkrieg, kam das endgültige Aus. Danach wurden die Räume als Wohnung vermietet.

Jahrzehntelang gab es kein jüdisches Glaubensbekenntnis am Türpfosten – bis 2011. Bei späteren Besuchen brachte Ralph Mendel im Laufe der Jahre fünf weitere Mesusot mit und brachte sie an den Türen im Inneren des Gebäudes an – außer an der Tür zur Mikwe, dem Ritualbad, das 2008 freigelegt wurde.

Jürgen Langenkämper

So geht's zur Mesusa:

Die Mesusa im Türrahmen an der Jüdischen Schule neben der Alten Synagoge ist in der Goebenstraße 5 zu finden, die im Ortskern Petershagens von der Mindener Straße abgeht.

Siegfried Nolte weiß, dass das Horn das wichtigste Utensil des Schweinehirten war – tagsüber und auch nachts.

03

Skulpturen

Schweinerei auf dem Dorfplatz

Verträumt blickt er drein, fast ein bisschen wehmütig. Vielleicht ist er auch müde und erschöpft. Auf einem Findling sitzend, hat er die Beine locker übereinandergeschlagen. Mit der rechten Hand stützt er seinen Kopf, in der linken hält er ein Stöckchen. Um ihn herum sind drei Schweine zu sehen. So könnte er seine Pausen genossen haben: Christian Kipp. „Er war der letzte Schweinehirt in Dankersen", erzählt Siegfried Nolte. Der Ortsheimatpfleger weiß um dessen Geschichte und warum das Dorf ihm ein Denkmal setzte.

Mitten in Dankersen, der Heimat des Handball-Bundesligisten GWD Minden, steht die Skulpturen-Gruppe, die an Christian Kipp (1848-1927) erinnert: ein Schweinehirt in entspannter Pose auf einem

Findling, der Quellstein für einen Brunnen ist. Der Mann mit Hütchen auf dem Kopf und Holzschuhen an den Füßen ist umgeben von drei Borstentieren, die ihren Beschäftigungen nachgehen. Ein Schwein suhlt sich genüsslich auf dem Boden, ein anderes sucht mit seiner Schnauze dicht über dem Boden offenbar nach Futter, das dritte schaut zufrieden in die Gegend.

Heute ein Stadtteil von Minden, war Dankersen bis ins 19. Jahrhundert ein typisches ostwestfälisches Dorf, geprägt durch Landwirtschaft, und bis zur Gebietsreform 1973 eigenständig. „Seit 1729 belegt, aber vermutlich schon früher, bestand die Dankerser Hudegemeinschaft. Sie hatte die Weideflächen in Besitz und war ein Zusammenschluss von zuletzt 53 Bauern", berichtet Siegfried Nolte. Jeden Morgen sammelten ein Kuhhirt und ein Schweinehirt das Vieh der Landwirte ein und brachten es auf die Riehe, ein Weideland, an das heute noch der Name der Straße „Riehe" erinnert.

Im nordöstlichen Teil lag die Kleine Riehe, ein Feuchtgebiet mit Teich. „Dort waren ideale Bedingungen für die Schweine, denn die suhlen sich ja gerne", erklärt Siegfried Nolte. Durch den Bau der Eisenbahnstrecke Hannover-Minden Mitte der 1840er-Jahre war der direkte Weg dorthin allerdings nicht mehr möglich. Denn die Gleise trennten die Kleine Riehe von der übrigen Riehe. „1847 hat man dann extra eine sogenannte Schweinerampe gebaut", erzählt der Ortsheimatpfleger. „Das war ein Tunnel unter den Gleisen von nur einem Meter Höhe, durch den der Schweinehirt das Vieh weiterhin zur Weide führen konnte. Den Tunnel haben aber auch viele Dorfbewohner als Abkürzung genutzt." In ziemlich gebückter Haltung, versteht sich.

„1847 hat man extra eine sogenannte Schweinerampe gebaut."

1920/21, beim Bau der Bahnstrecke nach Nienburg, sei der Tunnel zugeschüttet worden. Zu der Zeit erfüllte der niedrige Durchgang seinen Zweck als Schweinerampe ohnehin nicht mehr. Das Interesse der Bauern an der Hudegemeinschaft hatte immer mehr nachgelassen. Als dann der letzte Kuhhirt Johann Heinrich Friedrich Rathert (1829-1893) starb, entschieden sie sich, diese aufzulösen und das Weideland zu verkaufen. Somit benötigten sie auch Christian Kipp als Schweinehirten nicht mehr. Bis zu seinem Tode im Alter von 79 Jahren lebte er aber weiter in Dankersen und arbeitete als Dorfbote und Nachtwächter. Letzteres war für ihn nicht neu. „Neben dem Hüten der Schweine gehörte zu Kipps Aufgaben seit jeher, nachts Wache zu halten und auf Brände zu achten", erzählt Siegfried Nolte. Das könnte natürlich erklären, warum der Schweinehirt aus Bronze einen so müden Eindruck macht. Das Horn an der rechten Seite der Plastik jedenfalls war Christian Kipps wichtigstes Utensil. „Damit rief er morgens die Schweine zu sich und alarmierte die Dorfbewohner, wenn ein Feuer ausbrach."

„Neben dem Hüten der Schweine gehörte zu Kipps Aufgaben seit jeher, nachts Wache zu halten und auf Brände zu achten."

Der Platz, auf dem die Skulpturen-Gruppe seit 1994 steht, ist nach ihm benannt. „Als 1992 eine neue Bahnunterführung gebaut und die Umgebung umgestaltet wurde, entstand die Idee für einen Dorfplatz, der ein Stück Dankersen repräsentieren sollte", erklärt der Ortsheimatpfleger. In einem Wettbewerb zur Gestaltung des Platzes, der ganz in der Nähe der früheren Schweineweide liegt, fiel die Wahl auf die naturalistische Darstellung von Peter Paul Medzech.

Ob der Mindener Künstler das Aussehen des letzten Dankerser Schweinehirten getroffen hat, darüber lässt sich nur noch spekulieren. Fotos von Christian Kipp sind nicht überliefert. Ein tierisches Vergnügen ist es aber allemal, ihm und seinen drei Schweinen zuzusehen. Besonders dann, wenn im Sommer Wasser aus dem Findling plätschert.

Kerstin Rickert

So geht's zu den Skulpturen:

Sie stehen auf dem Christian-Kipp-Platz in Dankersen.

Andreas Kresse ist auch Musiker und hat ein besonderes Interesse an alten Instrumenten.

04

Goldene Tafel

Doppelte Premiere für den Vorläufer des Klaviers

Im Mindener Dom gibt es viel zu entdecken. Am augenfälligsten und schönsten ist aber sicher die große Goldene Tafel, die durch zwei Details auch unter Musikhistorikern weltweit bekannt ist. Das Altarbild in der Form eines golden und blau beschichteten hölzernen Flügelretabels besitzt die beeindruckenden Maße von etwa 5,50 mal 1,80 Metern. Es ist eine 2002 auf Betreiben des Kirchenvorstands und auf Kosten des Dombauvereins erstellte Rekonstruktion des Originals aus dem 15. Jahrhundert. Auch die etwa 200 Jahre ältere Predella von 1220, der Sockel des Altaraufsatzes, wurde rekonstruiert und ergänzt.

Schon 1656 wich der Altar, weil er nicht mehr dem geänderten Zeitgeschmack entsprach, einem neuen Hochaltar und wurde eingelagert. 1909 verkaufte ihn die Domgemeinde auf Wunsch von Kaiser Wilhelm II. (1859-1941) für 45.000 Reichsmark an das Bode-Museum in Berlin, wo er sich auch heute noch in nicht renoviertem Zustand befindet, mit stark beschädigter Farb- und Goldauflage und ohne einige abhanden gekommene Figuren.

Im Zentrum des Altaraufsatzes findet der Betrachter die Krönung Marias, umrahmt von konzertierenden Engeln, die alle unterschiedliche mittelalterliche Musikinstrumente spielen. Musiker und Instrumentenbauer nutzen immer wieder diese Abbildungen als Vorlage zum Nachbau historischer Instrumente. Der Domschatzwächter und stellvertretende Vorsitzende des Dombauvereins Andreas Kresse ist selbst auch Folklore-Musiker und meint: „Die Darstellung der alten Instrumente ist wirklich beindruckend.“ Unter Musikhistorikern ist dieses Engelsorchester von großem Interesse, denn es enthält nicht nur eine der ältesten Abbildungen des Cembalos, sondern auch die älteste Darstellung eines Clavichords, eines weiteren frühen Tasteninstruments.

„Die Darstellung der alten Instrumente ist wirklich beeindruckend.“

Das ist aber nicht alles, denn auch die erste schriftliche Erwähnung dieser beiden Instrumente kam etwa 20 Jahre davor aus Minden. 1404 schrieb ein Mitglied des Domkapitels, der Dichter und Kanoniker des Mindener Johannisstifts Eberhard von Cersne, im Alter von etwa 25 Jahren sein Hauptwerk *Der Minne Regel*. Es enthält eine theoretische Darstellung der Minne – (etwas verkürzt in die heutige Zeit übertragen: der Liebe) – in Form eines Streitgesprächs zwischen dem Dichter und der Minne-Königin sowie 31 Minneregeln und 20 Minnegedichte. Über seine literarische Bedeutung lässt sich zwar streiten, interessant ist aber, dass einige seiner Gedichte mit einer Notation versehen sind, bei der die Tonhöhe durch Buchstaben angegeben ist. Er gilt dadurch auch als der erste bekannte Mindener Komponist.

Musikhistoriker interessieren sich aber vor allem für einen Text über die unübertroffene Schönheit des Vogelgesangs. Dieser übertreffe die Schönheit aller damaligen Musikinstrumente, die dann aufgezählt werden. Zwei dieser Instrumente, das Clavisimbalum und das Clavicordium, also Cembalo und Clavichord, wurden zuvor noch nie schriftlich erwähnt. Beide sind Vorgänger unseres Klaviers, das es ohne sie nicht geben würde, und beide wurden über eine Tastatur gespielt. Besonders das Clavichord, das wohl vom Monochord abstammt, verfügte schon über einen ähnlichen Hammer-Mechanismus, mit dem die Saiten zum Klingen gebracht wurden.

Bis zum Klavier brauchte es dann nur noch ein paar Entwicklungsschritte. So musste der Anschlagsmechanismus noch so verändert werden, dass sich auch die Kraft des Anschlags auf die Saiten übertrug und der Spieler laut oder leise spielen konnte, piano und forte, woraus der Name Pianoforte für das Instrument entstand. Irgendwann kamen auch die schwarzen Tasten dazu, damit nicht nur in einer Tonart gespielt werden konnte.

Wer das Clavichord erfand und das erste Exemplar baute, war schon zu Beginn des 16. Jahrhunderts nicht mehr bekannt. In Minden wurde es jedoch erstmals in der Literatur erwähnt und auch die erste Abbildung stammt von hier. Wurde vielleicht auch das erste Exemplar, das dazu inspirierte, hier erschaffen?

Rolf Graff

So geht's zur Goldenen Tafel:

Der Dom liegt in der Mindener Innenstadt und lässt sich vom kleinen Domhof aus betreten. Die Goldene Tafel befindet sich hinter dem Altar.

Durch diese beiden Mauerbögen floss einst Wasser in die Stadt.

05

Mauerbögen

Spuren der Vergangenheit

Der Weg der meisten Menschen, die auf der Simeonstraße in Minden unterwegs sind, führt schnurstracks in eine Richtung: raus aus der engen Altstadt auf die nächstgelegene Hauptstraße, den Schwichowwall. Kurz vor der Einmündung, am Ende der Einbahnstraße, befindet sich heute ein Parkplatz der Diakonie mit auffällig gemauerten Bögen in der Stützmauer zum Wall hin. Sonja Weichert weiß, was sie zu bedeuten haben.

Über Jahrhunderte war dieser Platz bebaut. „Ein Hospital mit Nebengebäuden wie Waschhaus, Küche und Brauerei profitierten von der Lage am Bach Bastau. Dieser entwässerte seit Menschengedenken ein weites Moorgebiet am Fuß des Wiehengebirges, traf dann von Westen her auf die Stadt, umfloss sie, zuerst außerhalb, später dann innerhalb der Befestigungsanlagen in seinem natürlichen Bett und mündete an der Tränke in die Weser", erzählt Sonja Weichert. Der ursprüngliche

Verlauf ist heute so gut wie nicht mehr zu erkennen – das hat auch zur Folge, dass die Bedeutung des Bachs für die Stadtentwicklung fast vergessen ist. Er betrieb Mühlen, lieferte Wasser für zahlreiche Gerbereien, entsorgte den Abfall aus dem Stadtbach und ersetzte zum Teil einen eigenen Stadtgraben. Sonja Weichert ist fasziniert davon, was dieser kleine Fluss auf seinem Weg durch die Stadt alles leisten musste. Umso bedeutender ist für sie das, was noch heute als anschaulicher, wenn auch keineswegs spektakulärer Rest von Stadtbefestigung und Wasserwirtschaft zu sehen ist.

Ursprünglich lagen das Spital wie auch eine Mühle auf der anderen Seite der Straße ungeschützt außerhalb der Stadtmauer. Das änderte sich 1510 mit einer Neubefestigung, die beide Anlagen mit einbezog. „Folglich musste die Bastau den neuen Wall durchbrechen, durch ein kompliziertes System von Kanälen ihren Wasserspiegel, der über dem Niveau der Umgebung lag, regulieren und das Gelände entwässern", berichtet die Mindenerin. Die Mauerbögen, durch die das Wasser floss, sind heute verschlossen. Unter der Simeonstraße soll noch ein massiver Brückenbogen als Bodendenkmal erhalten sein. Dass auf der rechten Seite der Simeonstraße mit einem Rest des alten Brückengeländers noch etwas davon sichtbar geblieben ist, freut Sonja Weichert besonders.

Nach der Entfestigung der Stadt wurde die Bastau in Höhe des Simeonstors nach Osten und bis zu ihrer neuen Einmündung an der Weserpromenade durch das Glacis geleitet. Der alte Bachverlauf wurde zugeschüttet und überbaut. Was übrig blieb, sind die auffällig gemauerten Bögen in der Stützmauer beim Parkplatz der Diakonie.

Kerstin Rickert

So geht's zu den Mauerbögen:

Sie befinden sich an der Simeonstraße / Ecke Schwichowwall in einem Stück der alten Stadtmauer. Von der höher gelegenen Straße aus sind sie gut zu erkennen.

Gottlieb Lahmann hat lange für die Mindener Molkerei gearbeitet. Ilse Gieseking lieferte mit ihrem Vater Milchprodukte der Molkerei aus. Hinter den vergitterten Fenstern im Keller wurde der erste Joghurt hergestellt.

06

Kellerfenster

Quell der Milchprodukte

Das weiß getünchte Gebäude in der Immanuelstraße 3, vis-à-vis der Domschule, ähnelt mit seiner reich gegliederten Fassade den Villen in der Nachbarschaft. Noch immer prangt der Schriftzug *Mindener Molkerei E. G.* über dem Haupteingang des edlen Herrenausstatters, der vor ein paar Jahren dort eingezogen ist.

Was kaum jemand ahnt, wissen Ilse Gieseking und Gottlieb Lahmann. „Da unten im Keller haben sie den Joghurt gemacht“, sagt sie, und er weist auf eine Reihe vergitterter Kellerfenster hin. An der nach Osten hin leicht abschüssigen Immanuelstraße wird aus dem Keller ein Souterrain, in dem die Molkerei um 1950 ihre noch neuartige Joghurtproduktion ansiedeln konnte. Aller Anfang war klein – und schwer.

„Manchmal ist der Joghurt auch nichts geworden, dann war er noch ganz flüssig", schmunzelt Gottlieb Lahmann über die Fehlschläge, die er als junger Mann mitbekam. Im Laufe von 40 Jahren arbeitete er in verschiedenen Funktionen in der Molkerei und fuhr zuletzt einen der Tanklastzüge. Die Milchverarbeitung war in den 1950er-Jahren noch ganz anders organisiert und stand auch hinsichtlich der Produkte an einem Scheideweg hin zu weiterem Wachstum und mehr Produktvielfalt. Der Joghurt war nur eines der neuen Produkte, die auf den Markt kommen sollten.

Ilse Gieseking, die damals noch Südmeier hieß, arbeitete nicht in der Molkerei, sondern war ein klassisches Milchmädchen. „Mein Vater hatte eines der vielen Milchgeschäfte, die es damals in der Stadt gab", erzählt sie. Meist mit Pferdewagen zogen die Milchmänner von Haus zu Haus und belieferten Tag für Tag ihre Stammkunden. Noch heute kann sie Geschichten von manchen Häusern in den engen Altstadtgassen erzählen und weiß, wer dort wohnte. Denn sie musste nach der Schule ihren Vater begleiten und ihm die Gänge in die engen Häuser abnehmen und abkassieren – rechnen konnten Milchmädchen nämlich auch.

„Mein Vater hatte eines der vielen Milchgeschäfte, die es damals in der Stadt gab."

„Die Rampe, an der wir mit unserem Wagen am Morgen vorgefahren sind, ist weg", sagt das einstige Milchmädchen etwas enttäuscht. Dort, im hinteren Teil des Grundstücks, gibt es heute stattdessen einen modernen Anbau. Längst verschwunden sind auch ein alter Pferdestall und eine Wagenremise.

Angefangen hatte die Geschichte der Mindener Molkerei 1888. In jenem Jahr gründeten fünf Besitzer großer Güter rund um Minden die Molkerei als Genossenschaft, um den Absatz der von ihnen erzeugten Milch in der wachsenden Stadt zu fördern. Die Idee passte in die Zeit, so wie die Molkerei während der Dauer ihrer Existenz immer eine gewisse Vorreiterrolle für sich reklamierte. Das passende Grundstück fand die Genossenschaft an der Immanuelstraße, die nach der Entfestigung der Stadt in den 1870er-Jahren gerade erst entstanden war. Das zweigeschossige Molkereigebäude war nach den Plänen des Architekten Oskar Ziegler (1820-1905) aufwendiger gestaltet, als man dies von einem gewerblich genutzten Zweckbau unserer Tage jemals erwarten würde. Die *Bau- und Kunstdenkmäler* halten dazu fest, dass „die Fronten alle mit einer für die Bauten Zieglers typischen, sehr reichen und plastischen Gliederung in Formen der Renaissance versehen" und „dabei die Gesimse über dem Sockel und dem Erdgeschoss sowie durch die Brüstungen des Obergeschosses laufend und die dortigen Fensterverdachungen als durchlaufende Bänder gestaltet" sind.

Schon eine derartige äußere Gestaltung zeigt, dass die Gründer zuversichtlich auf die ökonomischen Perspektiven ihres Projektes und die damit verbundenen Gewinne schauten. Noch während die Bauarbeiten liefen, musste das Gebäude nach Osten hin erweitert werden, um eine größere Halle und einen Kühlraum zu schaffen. Dabei wurde die Fassade um drei Achsen verlängert und oben ein zweites Geschoss aufgesetzt, das einem Sitzungsraum Platz bot.

Die Anfänge scheinen turbulent gewesen zu sein. Denn in nur 13 Jahren wechselten sich sieben Geschäftsführer rasch ab. Aber 1901 kehrte Kontinuität ein: Nun leitete 45 Jahre lang Heinrich Diers als Direktor die Geschicke der Mindener Molkerei, unterstützt vom Vorstandsvorsitzenden Christian Frederking.

Das Wachstum unter Diers lässt sich an der räumlichen Expansion und den Baumaßnahmen ablesen. Ständig wurde um- und angebaut, modernisiert und erweitert, so zum Beispiel 1909 für eine neue Kesselanlage. Der Erste Weltkrieg unterbrach die Aufwärtsentwicklung. Bei Kriegsausbruch wurden über zwei Millionen Liter Milch von den Bauern im Stadtgebiet und in den umliegenden Landgemeinden angeliefert. 1917 waren es nur noch 550.000 Liter. 1918 kam eine Spülküche für die Milchgefäße hinzu, 1919 ein rückwärtiger zweigeschossiger Anbau und ein neues Treppenhaus, 1920 die Erweiterung des Kesselhauses und der Einbau eines feststehenden Dampfkessels. Anfang der 1920er-Jahre setzte eine neue Blütezeit ein, die auch durch die Inflation nicht gefährdet wurde. 1923 gab es einen neuen Dampfkessel, 1926 einen Lastenaufzug. Ende des Jahrzehnts führte die Molkerei in ihrem Absatzgebiet Milchflaschen ein. 1934 wurde das Kesselhaus vergrößert und die Kesselanlage erneuert. Bis zum 50-jährigen Bestehen im Jahr 1938 stieg die Milchmenge auf neun Millionen Kilogramm. 462 Mitglieder gehörten der Genossenschaft nun an. 1940 wurde die Butterei umgebaut – und der Luftschutzraum ausgebaut. Den Zweiten Weltkrieg, der die letztere Maßnahme erforderlich machte, überstand die Molkerei als Gebäude und als Genossenschaft unbeschadet – die Zeit danach letztlich nicht: Nach Diers' Tod 1946 übernahm sein Sohn die Leitung. Mehr als zwei Jahrzehnte begleitete Hubertus Diers die technologische und bauliche Entwicklung ebenso wie die Erweiterung der Produktpalette – bis zu einem Abschied im Streit mit arbeitsrechtlichem Nachspiel und hoher Abfindung 1968.

Über dem Portal ist noch immer der Schriftzug der Mindener Molkerei E. G. zu lesen.

Dass die Räumlichkeiten in der Immanuelstraße nicht nur für die Herstellung von Joghurt im Kellergeschoss nicht mehr ausreichten, war schnell klar. Expansionsmöglichkeiten gab es in der Innenstadtlage nicht, und so errichtete die Molkereigenossenschaft einen modernen Neubau am Römerring, heute Teil der Ringstraße südlich der Bastau-Überquerung. Das neue Milchverarbeitungswerk galt als das modernste in Westdeutschland.

Die Modernisierung schritt aber nicht nur in der Produktion voran, sondern auch beim Transport. Zur Verbesserung und Rationalisierung der Milchanlieferung führte die Molkerei 1957 den ersten Tankwagen ein. Ein Jahr später stellte sie aufgrund der gesammelten Erfahrungen die Milchanfuhr ganz auf Tankwagen um. Sechs Tanklaster mit einem Fassungsvermögen von je 4.000 Litern ersetzten 27 Gespanne, die bis dahin auf ihren Routen aus den Dörfern zur Molkerei gefahren waren. Sogar Bundesernährungsminister Heinrich Lübke (1894-1972), späterer Bundespräsident, reiste an, um sich über diese technische Neuerung zu informieren. Die Tankwagenkolonne der Mindener Molkerei machte Schule und fand bundesweit Nachahmer.

Auswirkungen auf die Arbeit der kleinen Milchhandlungen in der Stadt sollte der Vormarsch der Milchflasche haben. „Wir haben zunächst die Milch lose zu den Leuten ins Haus gebracht und in Kannen abgefüllt“, erzählt Ilse Gieseking. Aber mehr und mehr bevorzugten die Haushalte Milch in Flaschen. Hatte deren Anteil 1950 bei nur 4,8 Prozent gelegen, so wurden 1963 rund 75 Prozent in Flaschen oder Packungen abgesetzt. Seit Mitte der 60er drangen Plastikschläuche vor, was für Produzenten und Verbraucher praktischer war, weil keine Flaschen mehr sorgsam gespült werden mussten und der ständige Schwund an Pfandflaschen der Vergangenheit angehörte.

„Wir haben zunächst die Milch lose zu den Leuten ins Haus gebracht und in Kannen abgefüllt.“

Überhaupt war die Mindener Molkerei stolz darauf, dass sie 1963, im 75. Jahr ihres Bestehens, prozentual im Flaschenmilchabsatz unter allen westfälischen Molkereien auf dem ersten Platz stand. Von den rund 20 Millionen Litern Milch, die 1.250 Mitglieder angeliefert hatten, wurden 35 bis 40 Prozent zu Trinkmilch verarbeitet. Für ihre Produkte heimste die Mindener Molkerei Jahr für Jahr Preise ein, für ihre Butter und den Joghurt erhielt sie viele der in der Branche üblichen Medaillen.

Doch im Ernährungssektor beschleunigten sich in den 1960er-Jahren wie in anderen Bereichen auch Konzentrationsprozess und Verdrängungswettbewerb, die lange schon im Gange waren. Hatten die Molkereien nicht einst von einem Verbot des Verkaufs von Bauernbutter auf dem Wochenmarkt profitiert, wodurch alte Butterfässer und elektrische Zentrifugen auf den Höfen überflüssig wurden? Nun gerieten sie selbst in eine bedrängte Lage. 1967 wurde die Fusion mit den Milchwerken Herford-Bielefeld eingeleitet, die sich ihrerseits gerade erst zusammengeschlossen hatten. In der dadurch entstehenden größten Molkerei Westfalen-Lippes, die 127 Millionen Liter Milch von 6.000 Mitgliedern und zusätzlich 50 Millionen Liter Fremdmilch verarbeitete, war Minden mit nur einem kleinen Anteil von 22 Millionen Litern von rund 1.100 verbliebenen Genossen beteiligt.

Im Zuge der allgemeinen Spezialisierung der Branche sollte die Mindener Molkerei eine ihrer Stärken weiter ausbauen: die Joghurt-Herstellung. Sie war bereits zu selbstständigen Zeiten überproportional gestiegen und hatte sich von 1955 bis 1967 nahezu vervierfacht. Immer neue Sorten und Rezepturen, Trinkjoghurt und vor allem die Aromatisierung mit Früchten und Honig trugen zu einer positiven Gesamteinschätzung des Potenzials des als gesund geltenden Lebensmittels bei.

1970 war damit allerdings Schluss: Die Joghurt-Herstellung in Minden wurde eingestellt. Die neue Molkerei an der Ringstraße diente fortan als Auslieferungslager. 1990 wurde das Gebäude an der Ringstraße abgerissen und an seiner Stelle eine Tankstelle gebaut.

Von der glorreichen Mindener Molkerei ist nur das Gebäude von 1888 geblieben, das 1952 an die Kreishandwerkerschaft verkauft wurde. Und von den Anfängen der Joghurt-Herstellung zeugen nur noch ein paar Kellerfenster, hinter deren Scheiben nach dem Ende der Herstellung eines Milchprodukts auch mal für kurze Zeit ein „Privater Jazzclub Storyville" Musik gemacht haben soll.

Jürgen Langenkämper

So geht's zum Kellerfenster:

Die alte Mindener Molkerei liegt am nördlichen Rand der Altstadt in der Immanuelstraße 3, direkt gegenüber der Domschule. Die Kellerfenster befinden sich in der linken, nordöstlichen Hausfront.

Die ursprünglichen Beschläge am Tor sind noch erhalten.

07

Tor

Parkplatz mit Aussicht

Ob es schon immer grün war? Auf jeden Fall macht die Farbe des Tores das Gebäude zum Hingucker. Es ist das einzige Haus in der Uferstraße in Minden, das auf der Seite zur Weser hin liegt. Seit 1908 steht es dort: ein kleines Fachwerkhäuschen mit einem großen Holztor, das fast die gesamte Breite einnimmt. Es hat eine besondere Bedeutung für Minden, die aber kaum jemand kennt. Sonja Weichert schon.

Die Stadtkennerin mag diese Gegend. Den Teil Mindens, der gegenüber der Innenstadt auf dem Rechten Weserufer liegt und der eine wundervolle, unverbaute Aussicht bietet. Wenn Sonja Weichert als private Stadtführerin unterwegs ist, zieht es sie immer wieder in die Straße, die von der Kaiserstraße zur Kanzlers Weide führt. „Bis auf ein paar Anbauten, die in den 1950er-Jahren entstanden sind, hat sich hier kaum etwas verändert, und es gibt zu jedem Haus eine Geschichte“, sagt Sonja Weichert und blickt von dem kleinen Fachwerkhaus zur westlichen Straßenseite hinüber.

Erhaben reihen sich dort herrschaftliche Villen aneinander. „Zu Beginn des 20. Jahrhunderts haben wohlhabende Mindener Bürger sie erbaut“, berichtet Sonja Weichert. Die Stadt hatte das Gelände nach der Schleifung der preußischen Festung Minden 1873 im Jahr 1879 übernommen, und sie wollte dieses zunächst unbebaut lassen, entschied sich dann aber anders. 1896 verlegte sie den in diesem Bereich verlaufenden Teil der Hausberger Straße nach Westen, und die Uferstraße entstand. Zwischen 1902 und 1904 verkaufte die Stadt die Grundstücke für eine anspruchsvolle Bebauung mit freistehenden Villen. „Das war damals eine bevorzugte Wohngegend“, weiß die Stadtkennerin, die sich sehr für die Geschichte Mindens interessiert.

Sonja Weichert kennt die Geschichte zu dem Fachwerkhaus mit dem großen grünen Tor in der Uferstraße.

Die aufwendigen Wohn- und Geschäftshäuser in der Kaiserstraße in unmittelbarer Nähe gehörten bereits zu den besten Adressen der Stadt. „In repräsentativen Wohnungen mit bis zu zehn Zimmern wohnten dort führende Beamte der Regierung, angesehene Geschäftsleute und Akademiker. Wer eine eigene Villa errichten wollte, sicherte sich schnell eines der begehrten Grundstücke an der Uferstraße“, erzählt Sonja Weichert. Zu den ersten gehörte Albert Meyer (1845-1924), einer der drei Söhne von Friedrich-August Meyer, dem Mitbegründer der Glashütte „Porta-Westfalica" in Lerbeck, die später als F.A. Meyer & Söhne firmierte. Nach dem Tod ihres Vaters 1892 führten die Söhne Albert, Theodor und Gustav den

Betrieb kurze Zeit weiter und verkauften ihn 1898 an die Glashütte Gerresheim. Zu beträchtlichem Vermögen gekommen, gelang ihnen der Aufstieg in die obere Gesellschaftsschicht. Albert Meyer wurde, wie schon zuvor seinem Vater, der Ehrentitel Kommerzienrat verliehen, 1895 wurde er Kreistagsabgeordneter, ab 1900 war er 19 Jahre lang Vorsitzender der Handelskammer Minden.

1902 ließ er die Villa Uferstraße 5 bauen und zog dort mit seiner Familie und seinem Bruder Theodor ein. Bruder Gustav hatte 1899 die Villa Hahler Straße 18 gekauft und ließ sie aufwendig umbauen. „Die Schwester Elisabeth heiratete 1903 den Tabakfabrikanten Fritz Leonardi, der die Kaiservilla in der Marienstraße bewohnte", erzählt Sonja Weichert.

Zurück zu dem Fachwerkhäuschen: Theodor Meyer, der ja nun bei seinem Bruder in der Villa Uferstraße 5 wohnte, war einer der ersten, wenn nicht sogar der erste Auto-Besitzer der Stadt. Auf dem zur Villa seines Bruders gehörenden Grundstück gegenüber ließ er 1908 ein Automobilhaus errichten. „Das war Mindens erste Garage", erzählt Sonja Weichert und zeigt auf das Fachwerkhäuschen mit dem grünen Tor.

„Das war Mindens erste Garage."

Autos parken hier nun schon lange nicht mehr. Seit vielen Jahren hat die Freie Künstlergruppe „Der Regenbogen" in dem Häuschen ihr Domizil. Die Mitglieder treffen sich übrigens während der Sommermonate in der Regel donnerstags vor Ort. Dann steht nicht nur das grüne Tor offen, sondern auch das Haus für Besucher.

Kerstin Rickert

So geht's zum Tor:

Es gehört zu dem Fachwerkhaus in der Uferstraße 2.

Kaum zu glauben, dass in diesem Haus einst unzählige Raupen herumkrochen.

08

Seidenweberhaus

Krabbelnde Geschäftsidee mit kühlem Ende

Es ist wohl das schönste unter den alten Fachwerkhäusern in Hausberge. Bekannt ist das auf hohem Sockel stehende, zweigeschossige Gebäude an der Ecke zum Hang am Kiekenbrink als Seidenweberhaus. Das erweckt die Vorstellung, dass hier einst Webstühle standen, auf denen feinstes Seidengarn zu wertvollen Stoffen verwebt wurde. Stadtheimatpfleger Herbert Wiese weiß eine andere Geschichte zu erzählen, bei der es um den „Alter Fritz" genannten preußischen König Friedrich II. (1712-1786), eine seiner Geschäftsideen und um Importbeschränkungen und Subventionierungen geht. Aber tatsächlich auch um Seide.

„Friedrich II. von Preußen mochte es wohl gar nicht, von ausländischen Lieferungen abhängig zu sein", berichtet Wiese. Besonders der Import von teurer Seide, für den viel Geld nach Frankreich floss, missfiel ihm. So machte er das Seidengeschäft zur Chefsache. Erste Versuche hatte es bereits gegeben, als infolge des vom brandenburgischen Kurfürsten Friedrich Wilhelm (1620-1688) erlassenen Potsdamer Edikts von 1685 hugenottische Glaubensflüchtlinge aus Frankreich einwanderten, da ihnen Brandenburg freie und sichere Niederlassung gewährte. Sie brachten auch die notwendigen Kenntnisse für das Seidengewerbe mit. Friedrich II. ging nun sehr planvoll vor. Zuerst einmal mussten Plantagen mit Maulbeerbäumen angelegt werden, da die wählerischen kleinen Seidenraupen deren Laub als einziges Futter akzeptierten. Das fraßen sie bis zu dem Tag, an dem sie sich in ihre Kokons einspannen.

Stadtheimatpfleger Herbert Wiese kann von der Geschichte des Seidenweberhauses berichten.

So wurden – wie vielerorts in preußischen Landen – auch in Hausberge Maulbeerbäume gepflanzt: am Markt, beidseitig der Kempstraße und am Faulensiek. Groben Bauernhänden wollte man dies nicht überlassen, und so vertraute man das Gewerbe als Nebenjob Lehrern, Amtsleuten und Pastoren an, die mit Lehrmaterialien und finanziellen Starthilfen unterstützt wurden. Schließlich kamen im Mai und Juni, dem kurzen Zeitraum für die Raupenbrut, die ersten Eier des Seidenspinners Bombyx mori an der Porta an und wurden im Seidenweberhaus untergebracht. Und bei 25 °C schlüpften nach einigen Tagen die jungen Raupen in speziellen, extra dafür produzierten kleinen Papierschachteln. Zuerst wurden sie mehrmals täglich mit klein gehackten Trieben des Maulbeerbaumes gefüttert, denn erst die ausgewachsenen Raupen mögen die großen Blätter fressen.

So gab es auch in dem Seidenweberhaus einen oder mehrere temperierte Räume mit mehrstöckigen Regalen mit herausnehmbaren Horden und luftigen Böden aus Schilf, Weide oder Stoff. Mehrmals mussten die krabbelnden Würmchen umgebettet und gesäubert werden. Viermal häuteten sich die Raupen, um sich nach etwa drei Wochen und einem „Festgelage“ von acht bis neun Tagen einzuspinnen. Nach 14 Tagen war es dann vorbei mit ihnen. Die Kokons wurden abgesammelt und mit heißem Wasser übergossen. Die nun toten Raupen trennten die Züchter von ihrem Gespinst, das man schon in der Seidenhaspelei erwartete und dort zum Garantiepreis abnahm.

Etwa 3.000 Meter lang ist der Faden eines Kokons, von dem aber nur 800 Meter nutzbar sind. Für 250 Gramm Seidenfaden werden etwa 3.000 Kokons benötigt. 1784 ernteten die Preußen mit 13.432 Pfund Rohseide ihren Höchstertrag, der aber nur fünf Prozent ihres Bedarfs deckte. Viele der Maulbeerbäume gingen ein. „Das kalte Wetter machte den Maulbeerbäumen zu schaffen. Heute wäre so eine Zucht vielleicht wieder möglich“, meint Herbert Wiese nachdenklich. Als Friedrich II. 1786 starb, wurde die Seidenbau-Pflicht aufgehoben, und nach dem Sieg Napoleons 1806 durften natürlich auch wieder französische Waren importiert werden. In Hausberge interessierte sich fortan niemand mehr für die Zucht von Seidenraupen – das Haus am Kiekenbrink diente wieder allein dem Wohnen.

„Das kalte Wetter machte den Maulbeerbäumen zu schaffen. Heute wäre so eine Zucht vielleicht wieder möglich.“

Rolf Graff

So geht's zum Seidenweberhaus:

In Hausberge steht es an der Ecke von Hauptstraße und Kiekenbrink.

Wilhelm Becker weiß, was es mit den Metallschildern auf sich hat – und er hatte auch die Idee, die dahintersteckt.

09

Metallschild

Ein Baum als gutes Omen für die Ehe

Der Mittellandkanal ist in und um Minden ein beliebtes Ausflugsziel zum Spazierengehen und Radfahren. In der zur Gemeinde Hille gehörenden Ortschaft Hartum lohnt es sich, die Wege am Wasser auch mal zu verlassen. Etwas abseits der Güterschiffe, die hier tuckernd vorbeiziehen, liegt zwischen zwei Kanalbrücken ein Wäldchen. Es ist nicht besonders groß und auch nicht sehr alt. 100-jährige Eichen findet man hier nicht. Aber dafür hängen an den Bäumen Metallschilder. Wilhelm Becker weiß, was es damit auf sich hat.

Die Witterung hat Spuren hinterlassen an einem Schild aus Messing, das mit einer Kordel an einem Baumstamm befestigt ist. Die schwarze Schrift ist aber noch deutlich zu erkennen: *1994 Carsten & Alexandra Becker *Buche**. „Das war der erste Baum, der hier gepflanzt wurde“, erzählt Wilhelm Becker, der zufällig den gleichen Nachnamen trägt wie auf dem Schild vermerkt. Aber warum hängt ein Schild an dem Baum? Und nicht nur an dem einen, sondern an fast allen Bäumen in dem Wald?

„Das ist unser Hochzeitswald", sagt der Hartumer, der die Idee dazu hatte. „1994 haben wir in Hartum den Heimatverein gegründet, und ich dachte, man muss etwas machen, um ihn für die Leute interessant zu machen", erzählt der damalige Vorsitzende des Vereins.

Von seinem Wohnhaus in Hartum blickt Wilhelm Becker tagtäglich auf den Mittellandkanal. Nur ein kurzer Spaziergang ist es dorthin, und meistens nimmt der Hartumer die Abkürzung durch seinen Garten und den Hochzeitswald. Wo heute Bäume stehen, war früher landwirtschaftlich genutzte Fläche. Die Gemeinde hatte sie an die Anwohner verpachtet, erhielt die Grundstücke aber nach und nach zurück, weil die Pächter ihren Betrieb aufgaben oder verkleinerten. Und dann kam Wilhelm Becker eine Idee, wie diese Flächen künftig genutzt werden könnten.

Auf dem Metallschild am ältesten Baum im Hartumer Hochzeitswald steht es geschrieben: Carsten und Alexandra Becker pflanzten 1994 diese Buche.

„Im 17. Jahrhundert mussten Eheleute einen Baum pflanzen, um die Bewaldung in Gang zu bringen", berichtet er. Warum also diesen alten Brauch nicht wieder aufleben lassen? Sein Vorschlag kam bei der Gemeinde und im Heimatverein gut an. Noch im Gründungsjahr 1994 wurden die ersten Bäume gepflanzt. Seitdem haben weit über 100 frisch vermählte Paare ein sichtbares Zeichen für ihr gemeinsames Leben gesetzt. „Die ersten Paare haben inzwischen schon Silberhochzeit gefeiert", betont Becker. Zu solchen Anlässen treffe sich manches Ehepaar auch schon mal mit Freunden und Verwandten zum Kaffeetrinken an „seinem" Baum.

Den richtigen wiederzufinden, dabei helfen kleine Metallschilder, die jedes Exemplar beim Pflanzen erhält. „Darauf stehen das Hochzeitsjahr, die Namen der Eheleute und die Baumart", erklärt der Hartumer. Nicht an allen Bäumen sind die Schilder noch vorhanden. „Manche wurden auch schon heimlich entwendet. Vielleicht hat die Ehe in diesen Fällen nicht gehalten", vermutet Wilhelm Becker. „Aber das Schöne ist doch, dass der Baum trotzdem stehen bleibt, auch wenn es mit der Ehe nicht klappt." So ist mit den Jahren schon ein stattliches Wäldchen entstanden, das in Wilhelm Beckers Augen wichtige Aufgaben für Mensch und Natur erfüllt.

„Dies ist ein Lehrwald. Wer sich mit Baumarten nicht auskennt, kann sich hier informieren." Zum einen stehe die Bezeichnung der Baumart ja auf den Metallschildern. Ahorn, Baumhasel, Birke, Buche, Eberesche und Eiche, Erle, Kastanie, Linde, Rotbuche, Roter Ahorn und Walnuss befinden sich darunter. Zum anderen habe der Heimatverein Informationstafeln aufgestellt. Sie geben einen Überblick über die Symbolik der Bäume. Als Hochzeitsbäumen allen gemeinsam sei, dass sie als Sinnbilder der Gesundheit, der Partnerschaft in Familie und Gemeinwesen und als Symbol für Bodenständigkeit stehen sollen. Darüber hinaus sei der Wald zu einem Refugium für Tiere geworden. „Der Standort ist ideal. Durch die Nähe zum Wasser haben sich hier zum Beispiel viele Vogelarten angesiedelt", sagt Wilhelm Becker. Ob der Hartumer Hochzeitswald auch echte Turteltäubchen anlockt, lässt sich bei einem Spaziergang sicher herausfinden.

Kerstin Rickert

So geht's zum Metallschild:

Das älteste Metallschild befindet sich an einer Buche im nordöstlichen Teil des Hartumer Hochzeitswaldes nahe der Spitzenend-Brücke. Der Hochzeitswald ist von der Straße Wasserriege aus zu erreichen.

BERNHARD LÜDEKING
ERNESTINA BERGMANNS
ANNO 1769

Jahreszahl

Bauern und die Heilkraft des Wassers

An dem kleinen achteckigen Gebäude, das am Griepshop in Rothenuffeln steht, ist auf einem Holzbalken über der Tür *Anno 1769* zu lesen. Darüber befinden sich, wie die Jahreszahl in weißer Schrift, zwei Namen: *Bernhard Lüdeking* und *Ernestine Bergmanns*. Zunächst nichts Ungewöhnliches für ein Häuschen im Fachwerkstil, wie dieses eines ist, denn an solchen Gebäuden finden sich häufig Hinweise auf Erbauer und Baujahr. Das hier hat aber für Uwe Meyer eine ganz besondere Bedeutung. „Diese Jahreszahl weist auf die lange Tradition Rothenuffelns als Kurort hin", sagt der Ortsheimatpfleger.

Aber was hat dieses Fachwerkgebäude damit zu tun? Gut, es hat eine ungewöhnliche Form, ist recht klein und besitzt kein einziges Fenster. War es vielleicht als Pavillon gedacht, in den Kurgäste sich ungestört zurückziehen konnten? „Das ist ein Brunnenhaus", erklärt Uwe Meyer. Es steht an einer Stelle, wo man einst auf salz- und schwefelhaltige Quellen stieß, die ab der zweiten Hälfte des 18. Jahrhunderts zur Gründung mehrerer Badebetriebe führten. Wer die Quellen in Rothenuffeln entdeckt hat und ab wann ihre heilende Wirkung erkannt wurde, ist heute nicht mehr zu ermitteln. „Aber in alten Kirchenbüchern sind Hinweise auf eine sehr frühe Nutzung gefunden worden", weiß der Ortsheimatpfleger. Ein Eintrag, der sich auf Rothenuffeln beziehe, laute: „Schopmeier Marieke, lang gewesene Bademutter auf der Heide, beerdigt 21.02.1677, 91 Jahre."

Angeblich schworen schon die alten Römer auf Wasseranwendungen zur vorbeugenden und therapeutischen Behandlung von Krankheiten. Aber erst vom 17. Jahrhundert an entwickelten sich in Europa an Orten mit Salzvorkommen und Mineralquellen zahlreiche Heilbäder, die zunächst bei der vornehmen Gesellschaft, Adeligen und Großbürgertum, beliebt und auch diesen vorbehalten waren. Die einfache Bevölkerung hatte zu diesen mondänen Badeorten keinen

Für Ortsheimatpfleger Uwe Meyer hat die Jahreszahl an dem Brunnenhaus eine besondere Bedeutung für die Geschichte Rothenuffelns.

Zugang. So entstanden im 18. Jahrhundert die sogenannten Bauernbäder, vor allem in dem Gebiet rund um das Wiehengebirge. So auch in dem dort gelegenen, damals von Landwirtschaft geprägten Rothenuffeln. Vielleicht stießen Bauern bei ihrer Arbeit auf die Heilquellen und erkannten die wohltuende Wirkung.

Aus der Familie Dammermann, die heute noch im Besitz des Grundstücks mit dem Brunnenhaus von 1769 ist, kamen wahrscheinlich die ersten Rothenuffelner, die die natürliche Heilkraft des Wassers auf eigenem Grund und Boden dazu nutzten, einen Badebetrieb zur Linderung und Heilung von Krankheiten zu gründen. Später kamen noch zwei weitere Bauernbäder hinzu: vermutlich in den1770er-Jahren – genau lässt sich die Gründung nicht zurückverfolgen – das heute noch bestehende Kurhaus Pivittskrug und 1820 das Kurhaus Kleinemeier in direkter Nachbarschaft der Dammermanns.

Die bäuerliche Bevölkerung aus der näheren und auch weiteren Umgebung besuchte die Einrichtungen mit eigenen Heilquellen viel und gerne. „Sie reisten mit Pferdewagen an, bepackt mit Bettzeug und Verpflegung. Sie bekamen zwar Zimmer zur Verfügung gestellt, versorgten sich aber weitgehend selbst", erzählt Uwe Meyer. Die Bäder wurden in Holzwannen verabreicht, und offenbar zeigten sie Wirkung. „Manche haben nach ihrem Aufenthalt ihre Krücken, die sie nun nicht mehr benötigten, an den Eichenbalken der Eingangstür genagelt." Die Heilkraft des Wassers hatte sie von ihren körperlichen Gebrechen befreit.

Kerstin Rickert

So geht's zur Jahreszahl:

Die Jahreszahl befindet sich in Rothenuffeln am Brunnenhaus auf dem Grundstück des Hotels Bad Griepshop, Griepshop 28, auf einem Eichenbalken über der Tür.

In dem Grabhügel befindet sich die Totenkammer und Leichenhalle der Ahnenstätte.

11

Totenkammer

Ahnenstätte mit völkischer Gesinnung

Im äußersten Nordosten Nordrhein-Westfalens gibt es ein trügerisches Idyll: In einer Heidelandschaft unter hohen Kiefern liegen in Seelenfeld zwischen dicken Findlingen Verstorbene begraben. Aber es handelt sich nicht um einen normalen Friedhof. „Das ist die Ahnenstätte Seelenfeld", sagt Dr. Karsten Wilke. Der Historiker hat sich intensiv mit dieser archaisch anmutenden Einrichtung und ihren Geheimnissen auseinandergesetzt. Deren Trägerverein wollte ganz und gar nicht, dass Hintergründe und Beziehungsgeflechte der Ahnenstätte ans Licht der Öffentlichkeit kommen.

„Die Ahnenstätte gibt es seit Anfang der 1930er-Jahre", sagt Thomas Lange, der Geschäftsführer der KZ-Gedenk- und Dokumentationsstätte Porta Westfalica ist und sich wie Karsten Wilke gut mit der Geschichte des Nationalsozialismus und rechtsextremer Strömungen in der Region auskennt. Zum Hintergrund jener Jahre gehören neben dem Aufstieg des Nationalsozialismus und der Ausbreitung des Antisemitismus auf Reichsebene lokale Konflikte innerhalb der Kirchengemeinde Windheim, zu der neben zehn anderen Dörfern auch Seelenfeld gehörte. Eine starre Haltung des amtierenden evangelischen Pfarrers Wilhelm Hof (1876-1949) führte zu Protesten, einer Verleumdungsklage und etlichen Kirchenaustritten in verschiedenen Dörfern.

„In dieser Zeit agitierte aber auch der neue Lehrer der Seelenfelder Schule, Ludwig Peithmann, für den völkisch-orientierten Tannenbergbund", sagt Karsten Wilke. Der gegen die Weimarer Republik gerichtete, rechtsextreme Bund geriet mehr und mehr unter den Einfluss des Weltkriegs-Generals Erich Ludendorff (1865-1937), dessen Putschversuch mit Adolf Hitler 1923 in München kläglich gescheitert war. Unter dem Einfluss seiner Frau Mathilde (1877-1966) entstanden die krude antichristliche, völkische Weltanschauung des „Deutschvolks" und der „Bund für Deutsche Gotterkenntnis" (Ludendorff), die sich gegen alles Fremde, vornehmlich gegen Juden, Jesuiten und Freimaurer richteten, aber eben auch gegen das Christentum an sich, weil es das deutsche Volk von seinen ursprünglichen Wurzeln entferne. Ein räumlicher Kristallisationspunkt dieser nebulösen Ideologie im pseudoreligiösen Gewand sollten Begräbnisstätten außerhalb jeglichen kirchlichen Einflusses sein. „Begraben werden sollten dort nur Menschen, die nicht mehr Mitglied einer Kirche waren", sagt Thomas Lange und ergänzt, das sei bis heute so geblieben.

Thomas Lange (links) und Dr. Karsten Wilke haben die Geschichte und Hintergründe der Ahnenstätte Seelenfeld erforscht.

Auch in Seelenfeld kam es zu Kirchenaustritten, nicht nur des Lehrers Peithmann (1887-1960) und seiner Familie, sondern auch anderer Personen – insgesamt rund ein Drittel der Einwohner des kleinen Dorfes. Zeitgleich setzten Überlegungen für die Anlage der

Ahnenstätte ein. Sie erhielten Auftrieb, als Erich und Mathilde Ludendorff – sich selbst „das Haus Ludendorff" nennend – 1930 bei einer Vortragsreise durch Norddeutschland in Seelenfeld im Zelt vor 1.500 bis 2.000 Leuten sprachen.

„Nicht endgültig zu klären ist die Herkunft des optisch auffälligsten Teils der Anlage – der nach den Anforderungen des Amtes Windheim geschaffenen Leichenhalle in Form eines Grabhügels", sagt Thomas Lange. In der Seelenfelder Heide hatte es mindestens 27 Hügelgräber aus vorrömischer Zeit, zum Teil aus der Jungsteinzeit, gegeben. Sie waren schon lange vor dem Ersten Weltkrieg geöffnet worden. Als ab 1914 französische Kriegsgefangene eingesetzt wurden, um die Heide in den Randzonen des Kreises Minden urbar zu machen, lief unter Leitung von Prof. Friedrich Langewiesche (1867-1958) die Sicherung der Grabhügel und die Katalogisierung der Artefakte, bevor die meisten Hügel eingeebnet wurden.

Als ein Kreisarzt 1931 das Gelände im Rahmen des Antragsverfahrens für die Ahnenstätte untersuchte, stellte er auf einer Anhöhe – ein „angeblich altes, zum Teil abgegrabenes Hünengrab" – einen trigonometrischen Stein zur Landvermessung fest. „Im Gutachten des Kreisarztes findet sich die Forderung, den Hügel wegen des trigonometrischen Punktes unbedingt zu erhalten", berichtet Karsten Wilke. Der begehbare, aber verschlossene Hügel dient der Anlage als Totenkammer. „Auf dem Stein über dem Eingang ist ein Deutschvolk-Adler zu sehen", sagt Thomas Lange. Dieser Adler, bis heute Zeichen der Ludendorffer, erscheint auch auf einigen der Findlinge, auf denen keinerlei christliche Symbole oder Kreuze, sondern Runen dargestellt sind.

Die erste Beisetzung erfolgte 1931. In den Folgejahren blieb die Zahl der Begräbnisse sehr gering. „Insgesamt wurden nach Angaben eines ehemaligen Stättenwartes bis 1945 nicht mehr als 14 Personen auf der Ahnenstätte Seelenfeld bestattet", sagt Karsten Wilke. Nicht einmal Ludendorff selbst war darunter, obwohl es das Gerücht gegeben hatte, er wolle sich in Seelenfeld zur letzten Ruhe betten lassen. Stattdessen ordnete Hitler persönlich 1937 einen Staatsakt in München für den toten Weggefährten und Kontrahenten an, der hernach in Tutzing beerdigt wurde.

Nach dem Ende des Zweiten Weltkriegs erweiterte sich der Einzugskreis der Ahnenstätte. Einige der nach 1945 Beigesetzten stammten aus Ost- und Westpreußen oder Pommern. 1950 gab es dort sogar eine Zusammenkunft mit 500 Teilnehmern, ausgelöst durch eine Einstufung Mathilde Ludendorffs als „Hauptbelastete" des NS-Systems.

Als der „Bund der Gotterkenntnis" 1961 verboten wurde, fuhr auch der Ahnenstättenverein seine Aktivitäten merklich zurück. Dies änderte sich, als das Verbot 1976 wieder aufgehoben wurde.

Bis heute sind mehrere Personen, die bei der Ahnenstätte mitwirken oder dort Familiengrabstätten halten, im rechtsextremen, antisemitischen Milieu und mit anderen Ahnenstätten in Norddeutschland vernetzt, wie Thomas Lange und Karsten Wilke in einer Studie im Auftrag der Stadt Petershagen belegen konnten. Naiv sollten Besucher das vermeintliche Heide-Idyll nicht mehr ansteuern, sondern sorgsam bedenken, aus welchem Ungeist diese Stätte einst geschaffen und bis in die Gegenwart aufrechterhalten wurde.

Jürgen Langenkämper

So geht's zur Totenkammer:

Von Minden kommend, ist die Ahnenstätte über die B 482 zu erreichen, indem man nach rechts in Richtung Loccum abbiegt. Nach gut 2,5 Kilometern auf der Loccumer Straße und nach Durchfahren der Ortschaft Seelenfeld weist ein Schild zur Ahnenstätte, die von der Hauptstraße aus zu sehen ist und an einem parallel verlaufenden Heideweg liegt. Die Totenkammer ist schon vom Weg aus zu erkennen.

Die zahlreichen Scheunen bestimmen den Charme des Viertels.

12

Scheunentore

Fensterlose Häuser mit zwei Einfahrten

Wer einst in Schlüsselburg wohnte, dem nördlichsten Dorf des Altkreises Minden, lebte meist von der Landwirtschaft. Das zeigen heute noch viele Gebäude, insbesondere die Ansammlung von Backstein- und Fachwerkhäusern außerhalb des Ortskerns auf der Humke, einem etwas höher gelegenen eigenen Ortsteil. In der Sonne leuchten diese Häuser im schönen Rot der Ziegelsteine und Dachpfannen. Seltsam ist, dass sie alle zwar keine Fenster, aber zwei Tore besitzen.

Sie stehen in einem von neun Scheunenvierteln Norddeutschlands, das mit seinen 26 Gebäuden obendrein das größte ist. Die meisten Häuser sind so dicht an dicht gebaut, dass man kaum zwischen ihnen hindurchgehen kann. 1617 wurde das Viertel erstmals in einer Urkunde erwähnt. Im Lauf der Zeit kamen immer mehr Gebäude hinzu, die inzwischen teilweise wieder abgerissen wurden. Dass die

Scheunen nicht im Ortskern, sondern etwas außerhalb errichtet wurden, lag an der engen Bebauung und daran, dass man die in ihnen lagernde Ware durch die höhere Lage vor der Gefahr des Weserhochwassers schützen wollte.

Vor allem aber ist es auf die Angst der Schlüsselburger vor Bränden zurückzuführen – denn hier hatten die Einwohner bereits leidvolle Erfahrungen gemacht. Der Architekt und Experte für alte Fachwerkbauten Wolfgang Riesner erklärt: „Während die Wohnhäuser durch den Gebrauch von Feuer zum Kochen und Heizen oder als Licht recht häufig brannten, gab es im Scheunenviertel grundsätzlich keinen Umgang mit Feuer." Und das war auch gut so, denn Scheunen hätten den Flammen schließlich besonders leicht brennbare Materialien geboten. So ist von Bränden dort auch nichts überliefert.

Architekt Wolfgang Riesner erklärt die Veränderungen an den Gebäuden.

Das Fachwerk, mit dem die Scheunen errichtet sind, besteht wie üblich aus stabilen Eichenbalken, das Dachgebälk auch aus Nadelholz, teilweise gedeckt mit alten Feldbrand-Hohlziegeln. An einigen Häusern entdeckt man anstelle der Ziegelsteine in den Gefachen luftgetrocknete Lehmsteine oder auch den von vielen Fachwerkbauten gewohnten Putz aus Lehm und Stroh. Anfangs entstanden alle Häuser in Lehmbauweise und waren mit Stroh gedeckt. Dadurch konnten sogar alte Leute und Kinder beim Bau helfen. Wolfgang Riesner erzählt: „Im Laufe der Zeit haben die Besitzer die Gebäude immer wieder erweitert und vergrößert und Dinge verbessert oder ausgebessert." Er kann einige Beispiele zeigen, wie versetzte Balken oder vergrößerte Einfahrten, sowie verschiedene mehr oder weniger gelungene Versuche, die durch Feuchtigkeit und Käferfraß vernichteten Schwellen zu ersetzen.

Warum aber haben alle Scheunen zwei Tore? Auch darauf weiß Riesner eine Antwort: Es handelt sich hier um „zweischiffige" Gebäude. Das heißt, dass durch die mittleren Ständer und Streben zwei Teile entstanden, die auch unterschiedlich genutzt wurden. „Die eine Hälfte, das eine Schiff, wurde zum Bansenraum", erklärt Riesner. „Darin wurden Feldfrüchte, Getreide, Saatgut oder Obst gelagert." Auch Arbeitsgeräte fanden hier ihren Platz und gelegentlich standen hier wohl auch Schafe oder Pferde. Das andere „Schiff" war befahrbar, und zwar von zwei Seiten. Durch die Tore in beiden Fronten konnten die Fuhrwerke aus beiden Richtungen kommen und vorwärts wieder ausfahren. So waren sie bequem abzuladen oder zu beladen. Dieser Teil des Gebäudes diente auch als Remise, und wahrscheinlich wurde hier auch mal gedroschen. Menschen wohnten in den Scheunen, soweit bekannt, auch in Notzeiten nie. Das erklärt die fehlenden Fenster.

„Die eine Hälfte, das eine Schiff, wurde zum Bansenraum. Darin wurden Feldfrüchte, Getreide, Saatgut oder Obst gelagert."

Auch heute wohnt niemand in den alten Scheunen. Immer noch werden sie meist als Lager genutzt. Spricht man mit den Besitzern, spürt man Stolz und eine Liebe für die alten Gemäuer. Die Eigentümer haben sich in dem Verein „Dat Schünenviertel" zusammengefunden und gemeinsam eine Informationsscheune und eine Grillhütte errichtet.

Rolf Graff

So geht's zu den Scheunentoren:

Dort, wo die Müsleringer Straße in die Stolzenauer Straße mündet, liegt das Scheunenviertel.

Im ehemaligen Kriegs-Pulvermagazin lagerten Bier und Eis.

13

Bunker

Bier und Eis im alten Pulvermagazin

Beim Spaziergang auf dem Königswall fällt neben dem Ratsgymnasium ein zurückliegendes, fensterloses Bauwerk mit einer Verladerampe auf. *Der Bunker* steht deutlich lesbar an der Außenmauer. Aber der Name ist nur bedingt richtig und im Grunde irreführend. „Der heute so genannte Bunker war eigentlich ein Pulvermagazin", klärt Jörg „Monte" Klein auf. Seit 20 Jahren betreibt er mit seinem Motorradclub „Free Eagles" in den dick ummauerten Räumen einen Veranstaltungsort, der weit über die Stadtgrenzen hinaus bekannt ist.

Der Bunker, wie er seither heißt, ist das letzte erhalten gebliebene Kriegs-Pulvermagazin der ehemaligen preußischen Festung Minden. In der Stadt gab es fünf Pulvermagazine, verteilt über die Bastionen, die Abschnitte der Festungsmauer. Gefüllt wurden sie nur in Kriegszeiten, wenn der Feind herannahte und die Festung zu belagern und beschießen drohte. Das war aber bis zur Schleifung in den 1870er-Jahren nie der Fall. Um das Risiko einer Explosion in der Stadt und die dadurch drohenden Gefahren für die Bevölkerung gering zu halten, wurde Munition in normalen Zeiten außerhalb der Stadt gelagert. Dafür gab es drei, später vier Friedens-Pulvermagazine, die mehrere hundert Meter von der Stadt entfernt lagen.

„Der Bunker ist 200 Jahre alt", sagt „Monte". 1819 erbaut, erhielt das Pulvermagazin seine heutige Form aber erst 1864. Denn aufgrund des militärtechnischen Fortschritts und der Einführung gezogener Geschütze, die mit Hohlgeschossen eine höhere Treffsicherheit erzielten, mussten die Preußen die Magazine verstärken. Die Erdabdeckung, die weiteren Schutz bot – und der Flora bis hin zu hohen Bäumen genug Boden zum Wachsen –, kam erst nach 1871 hinzu. Kurz darauf waren jedoch die Tage der Pulvereinlagerung auch schon gezählt. Der preußische Staat begann nach der Reichseinigung 1871, die Mindener Festungsbauwerke zu schleifen. Aber im Kriegs-Pulvermagazin No. 1 in der Bastion VI erwachte neues Leben.

Jörg „Monte" Klein weist auf die Verladerampe hin, die im Inneren als Zwischendecke fortgesetzt wird.

„1872 erwarb der Kaufmann Adolf Kemena das Grundstück und lagerte in den Kasematten, wo bisher bis zu 3.900 Ein-Zentner-Fässer Pulver Platz hatten, Bier ein", weiß Jörg Klein. Kemena, der seine 1862 gegründete Firma zuvor am Poos und in der Brüderstraße 20 betrieben hatte, versprach sich vom Durst der Mindener ein so gutes Einkommen, dass er seine Bankgeschäfte und sein Kaufhaus aufgab und sich völlig auf das neue Standbein konzentrierte. Nicht zu Unrecht, denn er konnte sich an der Brauerei „Felsenkeller Gebr. Ueckermann" in Herford beteiligen, deren Bier er von Minden aus vertrieb. Die Wertschätzung, die Adolf Kemena genoss, zeigte sich auch darin, dass er Konsul der Vereinigten Staaten war.

„In dem Keller, der bis 2,10 Meter in die Tiefe reicht, wurden aber nicht nur Getränke kühl eingelagert, sondern auch bis zu 20.000 Zentner Eis“, sagt Jörg Klein. Dies war in Zeiten vor der Einführung von Kühlschränken ab den 1950er-Jahren allgemein in Brauereien so, die Eis für sich selbst und für ihre Gaststätten brauchten, aber in der wärmeren Jahreszeit auch Eis an Privathaushalte verkauften – ein lohnendes Nebengeschäft. „Geerntet wurde das Eis im Winter in der zugefrorenen Bastau, die 200 Meter von hier entfernt ist“, hat Klein herausgefunden, der selbst schon ein fesselndes Buch über ein Haus in der Simeonstraße geschrieben hat.

„Geerntet wurde das Eis im Winter in der zugefrorenen Bastau, die 200 Meter entfernt ist.“

Draußen vor den dicken Mauern gibt es noch immer eine Verladerampe, 80 Zentimeter über dem Boden. „Die setzt sich drinnen fort“, verrät „Monte“ ein Geheimnis des „Bunkers“. Denn um den Raum besser nutzen zu können, hatte Kemena 1956 im Innern eine Betonrippendecke einziehen lassen. Oben lagerten die Getränke, unten das Eis.

Heute geht es oben wie unten heiß her. Denn Ende der 1990er stieß „Monte“ bei der Suche nach Übungsräumen für seine damalige Rockband auf das seit 1990 nicht mehr für Bier genutzte Pulvermagazin. Seit 2001 wird im „Bunker“ nicht nur geprobt, sondern auch regelmäßig gerockt – und draußen stört es wegen der dicken Mauern kaum einen.

Jürgen Langenkämper

So geht’s zum Bunker:

Das ehemalige Kriegs-Pulvermagazin mit der Rampe liegt am Königswall 26 in Minden.

Detlev Scheumann, Gerhard Jacke und Heinrich Klein (von links) kennen sich mit der Geschichte der Heringsfänger aus dem Raum Petershagen aus.

14

Schiffsanker

Eine Seefahrt ist nicht immer lustig

Blickfang im Vorgarten ist ein Schiffsanker. Ein Schiffsmast, ohne Segel zwar, aber deutlich als solcher zu erkennen, steht ebenfalls dort. Offenbar hat das Haus, zu dem der Vorgarten gehört, eine Verbindung zu Schiffen. Zunächst nicht ungewöhnlich, schließlich steht es im Petershäger Ortsteil Heimsen, und der liegt an der Weser. Aber was ist das für ein Schild an der Mauer zur Straße? *Heringsfängermuseum* ist darauf zu lesen. Was, bitte schön, hat dieser Ort mit Heringsfängern zu tun? In der Weser gibt es doch gar keine Heringe! Oder etwa doch? Detlev Scheumann, Gerhard Jacke und Heinrich Klein kennen die Antwort.

„Das werden wir tatsächlich öfter gefragt", sagt Gerhard Jacke. Er war über viele Jahre Ortsheimatpfleger in Rosenhagen, das auch zur Stadt Petershagen gehört, aber nicht an der Weser liegt. Auf Heringsfang gingen, ebenso wie viele Bewohner Heimsens, auch Männer aus seinem Heimatdorf. Auch Familienangehörige des Rosenhageners waren darunter. „Aber in der Weser fingen sie die Heringe natürlich nicht, sondern auf hoher See", erklärt er. Wirtschaftliche Not trieb zahlreiche männliche Bewohner aus der Gegend in und um Petershagen ab Mitte des 19. Jahrhunderts dazu, sich und ihren Familien als Heringsfänger fernab der Heimat das Überleben zu sichern.

Ein seemännisches Symbol mit den Koordinaten des Standortes ist in das Pflaster vor dem Heringsfängermuseum eingelassen.

Die Gründe dafür, dass sie Arbeit zunächst in Holland suchten und auch fanden, liegen noch 200 Jahre weiter zurück. Infolge des Dreißigjährigen Kriegs (1618-1648) entwickelte sich in den ländlichen Gebieten Westfalens und Nordwestdeutschlands das sogenannte Heuerlingswesen. Bauern gaben Landarbeitern, den Heuerlingen, ein Dach über dem Kopf und stellten ihnen Ackerland zur Verfügung. Im Gegenzug hatten sie den Bauern bei der Bewirtschaftung ihrer Höfe und Ländereien zu helfen und einen Teil ihrer eigenen Ernte an diese abzugeben oder dafür zu bezahlen. Das, was ihnen übrig blieb, reichte fast nie aus, um die eigenen Familien zu ernähren, und so lebten die Heuerlingsfamilien häufig am Rande der Existenz.

So auch im Raum Petershagen. Wenig fruchtbare Böden in der ländlichen Mittelweser-Region warfen nur geringe Erträge ab, hohe Abgaben und Steuern lasteten auf der Bevölkerung. „Viele Männer aus Heuerlingsfamilien gingen damals als Wanderarbeiter nach Holland", berichtet Gerhard Jacke. Die Niederlande, die nach dem Achtzigjährigen Krieg (1568-1648) im Westfälischen Frieden 1648 ihre Unabhängigkeit von Spanien erlangt hatten, waren im Begriff, sich zur größten Wirtschafts- und Handelsmacht zu entwickeln. Arbeit gab es dort zuhauf. „Die Hollandgänger aus unseren Dörfern arbeiteten als Torfstecher und Grasmäher“, erzählt Gerhard Jacke. „Zur Saison zogen sie mit ihren Handkarren los, darauf die Sense als Arbeitswerkzeug und ein Beutel mit ein paar haltbaren Lebensmitteln. Zehn bis zwölf Tage waren sie unterwegs.“ Vier bis fünf Monate bis zur ersten Mahd, der Ernte, dauerte ihr Einsatz als Saisonarbeiter. „Ein Teil kam nach der Saison zurück. Viele sind aber auch an die Küste gegangen und haben in Häfen und auf Werften gearbeitet. So kamen sie dann mit den Heringsfängern in Berührung“, erklärt der ehemalige Ortsheimatpfleger von Rosenhagen.

Ab 1872 entstanden auch in Deutschland an der Nordseeküste und den Flussmündungen von Ems, Weser und Elbe Heringsfischerei-Gesellschaften. Zunehmend wechselten die Heringsfänger aus dem Binnenland der Mittelweser-Region nun dorthin. Im 20. Jahrhundert wurde die Bremen-Vegesacker Fischerei-Gesellschaft ihr wichtigster Arbeitgeber.

Die Arbeit der Heringsfänger sei gut bezahlt worden, und so seien immer mehr Männer aus der Gegend zur See gefahren, berichtet Gerhard Jacke. „Um 1900 war hier und im Schaumburger Land alles voll mit Seeleuten“, erzählt er. „1908 hatte Heimsen rund 120 Einwohner, davon waren 47 Heringsfänger. So viel Geld wie auf See konnten sie mit der Landwirtschaft nicht verdienen.“

Heringsfänger hätten viel Wohlstand ins Dorf gebracht, sodass Landwirtschaft und Viehzucht sich mit der Zeit wieder gut entwickeln konnten. Aber sie hätten dafür auch einiges in Kauf genommen. „Ihr Leben war hart und voller Entbehrungen. 500 Heringsfänger aus unseren Dörfern haben auf See ihr Leben gelassen. Ganze Familien wurden ausgelöscht“, berichtet Gerhard Jacke. Mit der Zeit nämlich sei der Heringsfang in vielen Familien zur Tradition geworden. „Die Söhne traten, oft schon im Alter von 14 Jahren, in die Fußstapfen der Väter und heuerten auf demselben Heringslogger an. Wenn dann auf See ein Unglück passierte, kam keiner von ihnen zurück.“

Wie hart und gefährlich die Arbeit der Heringsfänger war, weiß Heinrich Klein noch aus eigener Erfahrung. Der gelernte Tischler aus

Niedernwöhren im Landkreis Schaumburg, der an Petershagen grenzt und in Niedersachsen liegt, fuhr ab seinem 17. Lebensjahr neun Jahre lang auf einem Heringslogger zur See. Gearbeitet hat er in der Saison von Mitte Mai bis Mitte Dezember rund um die Uhr. „Es gab nur eine Fangmethode, die Treibnetzfischerei. Ein sogenanntes Fleet war zusammengesetzt aus bis zu 120 einzelnen Netzen, die im Wasser eine Länge von knapp vier Kilometern ergaben. Und das mussten wir bei Wind und Wetter nachts per Hand einholen, denn Heringe kommen um Mitternacht an die Oberfläche", erzählt Heinrich Klein. Ab 1962 fuhr er auf sogenannten „kombinierten Heringsloggern", die zusätzlich ein Grundschleppnetz an Bord hatten und von Januar bis Dezember im Einsatz waren. „Mit so einem Grundschleppnetz wurde Tag und Nacht gefischt, sieben Tage in der Woche", berichtet Heinrich Klein. Eine Fangreise habe gut vier Wochen gedauert, allein das Einholen des Fleets jede Nacht acht Stunden. „60 Stunden ununterbrochen zu arbeiten, war keine Seltenheit", erzählt Klein, der bis 1968 traditioneller Heringsfänger war und einer der letzten in diesem Beruf.

„60 Stunden ununterbrochen zu arbeiten, war keine Seltenheit."

Kurz darauf kam die Heringsfischerei zum Erliegen. Verändertes Konsumverhalten, Überfischung und besser bezahlte Jobs mit geregelten Arbeitszeiten führten dazu. Die Bedeutung des Heringsfangs für die Bewohner und die Entwicklung der Dörfer im Raum Petershagen wird im Heringsfängermuseum Heimsen noch immer lebendig. Auch wenn die Heringe nie aus der nahen Weser kamen.

Kerstin Rickert

So geht's zum Schiffsanker:

Er steht in der Straße Am Mühlenbach 9 vor dem Heringsfängermuseum Heimsen.

Dieter Bahe berichtet, viele der Nammer beobachteten damals, dass auf dem Erdhügelbunker ein großer Schornstein errichtet wurde.

15

Erdhügelbunker

Infame Pläne der NS-Diktatur gingen nicht auf

Es ist ein fast idyllisches Areal, auf dem das Altenpflegeheim Haus Laurentius mit 16 Seniorenwohnungen in Nammen steht. Zu Recht wirbt der Betreiber Diakonie Stiftung Salem mit „Wohnen im Grünen". Geplant war allerdings etwas ganz anderes, als hier 1943 die ersten Fundamente gelegt wurden.

Verantwortlich war damals die Organisation Todt, die nach dem Tod ihres Gründers vom Lieblingsarchitekten Hitlers, Albert Speer (1905-1981), geleitet wurde. „Ihm gelang es, die Kriegsproduktion auf ein Höchstmaß zu steigern", weiß der Ortsheimatpfleger von Nammen, Dieter Bahe. Die Nazi-Diktatur wollte auf diesem Gelände ein Zwangsarbeiterlager bauen. Die Last dafür wurde den Schultern ungezählter Zwangsarbeiter auferlegt. „Tatsächlich hatten damals viele Nammer die berechtigte Befürchtung, dass man in ihrer Ortschaft ein Konzentrationslager errichten wollte", meint Bahe.

In Porta Westfalica gab es mehrere Projekte, durch die kriegswichtige Produktionsstätten in bombensichere Untertage-Bereiche in den Jakobsberg und den Wittekindsberg verlagert werden sollten. Es waren Zwangsarbeiter, also Kriegsgefangene und KZ-Häftlinge, die diese unterirdischen Anlagen und dazu auch ihr Lager mit fest gemauerten Häusern selbst errichten sollten. Das stand im Gegensatz zu den für solche Zwecke üblichen primitiven Betonbauten, in denen auch die ersten Arbeitskräfte hier zuvor gewohnt hatten. Von einem Gleisanschluss an die Mindener Kreisbahnstrecke entlang der Rintelner Straße berichten Augenzeugen.

„Tatsächlich hatten damals viele Nammer die berechtigte Befürchtung, dass man in ihrer Ortschaft ein Konzentrationslager errichten wollte.“

In Nammen war ein Untertage-Projekt mit dem Tarnnamen „Barsch“ geplant, für das auch heute noch ein nicht frei zugänglicher Eingang vorhanden ist. Und im benachbarten Kleinenbremen wurde ebenfalls in den vorhandenen Stollen begonnen, die U-Verlagerungen „Elritze“ 1 bis 4 zu errichten. Wirklich gut voran ging es mit den Arbeiten aber nicht. Bei Kriegsende waren von den vielen Porta-Projekten gerade mal zwei in Barkhausen und Hausberge angelaufen. Das Lager Nammen, im Volksmund Polenlager genannt, bestand lediglich aus Rohbauten.

Besonders rätselhaft bleibt ein als Erdhügel getarnter Bunker. Er wurde am Rand des Geländes am Petzer Kerkweg zwischen zwei Schuppen-Gebäuden gebaut und war in seiner Funktion von außen oder aus der Luft kaum zu identifizieren. Auch heute noch wird er vielen, die dort vorbeikommen, nicht auffallen. Dieter Bahe berichtet, der Zeitzeuge Kurt Römming habe ihm erzählt, dass der Bunker erst durch seinen überdimensionierten Schornstein aufgefallen wäre. Kurz vor Ende des Krieges habe dieser bereits eine Höhe von drei Metern gehabt und sei noch nicht fertiggestellt gewesen. Als die Befreiungstruppen näher kamen, wurde er schnell wieder abgerissen. „Viele vermuteten damals, dass hier ein Krematorium geplant wäre“, sagt Bahe. Heute nutzt der Gärtner des Seniorenheims den Bunkerwall mit seinen angebauten Schuppen für seine Arbeitsgeräte.

Nach Kriegsende wurde das Lager unter britischer Verwaltung zu einer Zwischenstation für Zwangsarbeiter auf dem Weg zurück in die Heimat. Danach kamen mehrere Flüchtlingsfamilien aus den Ostgebieten hier unter. 1947 wurde auf Grundlage der vorhandenen Bausubstanz in den nördlichen Baracken ein Flüchtlingsaltersheim eröffnet, es war die Keimzelle des heutigen Hauses Laurentius. In den 50er-Jahren entstand, wohl in dem nicht mehr fertiggestellten Kommandantur-Gebäude, das heute wieder leer steht, auch noch ein Waisenhaus. Als ein Flüchtlingskindergarten des Deutschen Roten Kreuzes eingeweiht wurde, berichtete das *Mindener Tageblatt* am 17. September 1951 davon, dass dieser „aus dem rohen Stein der Trümmer mit hellen lichtdurchfluteten Räumen" auf vorhandenen Grundrissen errichtet wurde.

Ein altes Luftbild zeigt acht lange Gebäude, von denen je zwei H-förmig durch einen Gang verbunden waren. Einige davon und der ominöse Bunker sind noch fast authentisch erhalten, andere wurden umgebaut und erweitert oder abgerissen. Im Gegensatz zum Luftbild, das keine Vegetation erkennen lässt, liegt der Komplex, der immer noch einem Lager gleicht, heute mit einem schönen Baumbestand auf einem Park-Gelände, das von einer Hecke umgeben ist. Der Park wurde von Kreisgärtner Harald Horstmeier 1950/51 gepflanzt und gestaltet.

Rolf Graff

So geht's zum Erdhügelbunker:

In Nammen von der Rintelner Straße in den Petzer Kerkweg abbiegen und dann nach etwa 100 Metern in die Straße Am Walde.

Uhlenloch

Verborgenes tierisches Leben

Alte Bauernhäuser haben nicht nur den Menschen ein Heim gegeben, sondern immer auch vielen Tieren: erwünschten, geduldeten und unerwünschten. In dem 1701 erbauten Haus Windheim No2 ist im Obergeschoss seit 2005 das Westfälische Storchenmuseum zuhause, das Interessierten viel über das Leben der im Kreis Minden-Lübbecke so beliebten Vögel vermittelt. Auf dem Dach oberhalb des Hoftores hatten bereits vor langer Zeit Störche ihr Nest gebaut. So leicht wie das Storchennest, das sich noch am gleichen Platz finden lässt, sind die Spuren anderer Tiere aber nicht zu entdecken.

Architekt Wolfgang Riesner hat mehrere dieser Spuren gefunden und meint: „Ein altes Haus kann viel über das Leben seiner Bewohner erzählen. Man muss nur genau hinsehen." Als er Ende der 1990er-Jahre auf das Haus aufmerksam wurde, zugewachsen hinter Gestrüpp und Brennnesseln, hielt es in aller Verfallenheit einen Dornröschenschlaf. Es war in diesem Zustand sogar von den Mitarbeitern der Denkmalbehörde übersehen worden, als die Experten andere Gebäude im Ort unter Denkmalsschutz stellten. Riesner erkannte das Besondere an dem Haus und setzte alle Hebel in Bewegung, um es zu retten. Nach sieben Jahren gemeinsamer Arbeit mit anderen „Rettern" konnte es 2004 als Haus für dörfliche Kultur und Kultur auf dem Dorf wiedereröffnet werden. Auf dem Weg der Sanierung gab das Haus für Wolfgang Riesner viele seiner Geheimnisse preis, die er gerne weitererzählt.

Gleich vorn, links und rechts des großen Tores, haben die Pferde ihre Spuren hinterlassen – und Riesner zeigt: „Einige seltene Verbohlungen aus Eiche sind noch erhalten. Wo einst die Ställe waren, sollten sie statt der Lehmgefache Schäden durch die Hufe austretender Pferde verhindern." Im Gebäudeinneren des auf 1701 datierten Hallenhauses wurde der Pferdestall bereits 1769 erheblich erweitert, wie man bei den dendrochronologischen Untersuchungen der verschie-

Wolfgang Riesner erzählt von den Geheimnissen des Hauses.

denen Hölzer feststellen konnte. Die unterschiedliche Breite der Jahresringe ist charakteristisch wie ein Fingerabdruck und gibt Aufschluss über das Fälljahr der Bauhölzer. Barocke Baluster in mehreren Gefachen ließen den Blick auf die Pferde als wertvollsten Besitz und Arbeitskameraden der Menschen zu. Der Knecht hatte seine unbeheizte Kammer direkt über den Huftieren und profitierte durch deren Nähe im Winter von ihrer Körperwärme, hörte aber auch, wenn es ihnen in der Nacht mal nicht gut ging. Auf der niedrigen Abseite des Hauses schlossen sich die sehr engen und niedrigen Kuhställe an. Entlang der Diele lagen die Futterkrippen und darüber die immer noch gut erhaltenen Kuhnackenriegel mit Ausformungen für die Nacken der Rinder. In dem Raum oberhalb davon, in der Hille, waren die Hühner zuhause.

Bevor das Haus einen Kamin bekam, ermöglichte eine offene Herdstelle die Zubereitung von Speisen und sorgte für Wärme. Auch schützte der Rauch des Feuers den „Flett" genannten Wohnbereich vor Fliegen und anderem Ungeziefer. „Die Schwärzung der Balken haben wir so belassen", berichtet der Architekt. So lässt sich der Abzugsweg des Rauchs noch immer nachverfolgen. Beim Aufsteigen machte er im Vorbeiziehen noch die Schinken und Würste lange haltbar, die am Speckbalken, dem letzten Deckenbalken vor der Dielenrückwand, hingen und so den geschätzten „Westfälischen Himmel" bildeten. Dann zog der Rauch durch die Deckenplanken hindurch über den Dachboden, um schließlich durch ein Loch ganz zu entweichen.

In der Verbretterung des Giebels ist das Uhlenloch sichtbar.

Heute ahnt kaum jemand, dass besagtes Loch aber nicht nur der Ausgang für Rauch und andere Dünste war, sondern eine weitere Funktion hatte, die meist nur in der Dunkelheit der Nacht genutzt wurde. Es war der Eingang für Gäste aus dem Vogelreich, die gern geduldet wurden, obwohl einige Menschen sie auch für Geister- oder Totenvögel hielten: die Schleiereulen. Sie sorgten wie die Katzen dafür, dass die unerwünschten Mäuse verzehrt wurden, die auch auf dem Dachboden große Schäden an den Vorräten und dem eingelagerten Getreide anrichteten. Uhlenloch – Eulenloch – wird die Öffnung deshalb auch heute noch genannt. Die Eulen nisteten in einem dunklen Dachwinkel. Die heutigen Besitzer des Hauses haben dieses Uhlenloch und ein weiteres im gegenüberliegenden Giebel wieder geöffnet und Nistkästen für Schleiereulen und Turmfalken eingerichtet. Während der Brutzeit kann man die Greifvögel über installierte Kameras auf einem Monitor beobachten.

Nicht vergessen werden soll ein weiterer, wegen seiner Vorliebe für Hühnchen, Tauben oder Kaninchen unbeliebter kleiner Gast, der seinen Pfotenabdruck hinterlassen hat: Ein kleiner Steinmarder war vor dem Brennen über einen bereits geformten Stein gelaufen, der heute noch in der Diele nah am Hoftor liegt.

Rolf Graff

So geht's zum Uhlenloch:

Von der B482 abbiegen in Richtung Windheim auf die Hans-Lüken-Straße. Nach ungefähr 1 km liegt rechts das Haus Windheim No2 Im Grund 4.

Lüftungsrohr

Erst Zigarren gewickelt, jetzt Talente entwickelt

Das kleine Dorf Südhemmern lässt kaum vermuten, dass hier eine Talentschmiede für kommende Generationen ihren Hauptsitz hat. Und noch weniger würden zufällige Besucher wohl ahnen können, dass hier einst ein Rädchen der deutschen Genussmittelindustrie sich emsig drehte, stünde nicht auf einem Schild am Haus Fischerstadt 36 *Zigarrenfabrik* zu lesen: Wie aus der Produktionsstätte für Zigarren eine Talentfabrik werden konnte, kann Karin Ressel, Gründerin und Leiterin des Technikzentrums, anhand eines geheimnisvollen Rohrs zeigen, das aus der Hauswand an der Westseite ragt. „Es gehört zur alten Schwerkraftheizung, derentwegen es mir gelungen ist, das Gebäude für unseren gemeinnützigen Verein zu kaufen und umzubauen", sagt sie mit einem Schmunzeln.

Der Prozess des Erwerbs war lang und steinig. „1993 bin ich bei einem Spaziergang auf das leerstehende alte Fabrikgebäude am südlichen Dorfrand, unmittelbar an den Mittellandkanal grenzend, gestoßen", erzählt Karin Ressel, die damals das Technikzentrum, eine Einrichtung zur Berufsfindung von Jugendlichen, am Hauptstandort Lübbecke leitete. Der zweigeschossige Bau ging in seinem Ursprungskern auf ein Haus zurück, das der Landwirt Waltke, genannt Benten, zwischen 1885 und 1890 errichten ließ, um in die Zigarrenproduktion einzusteigen. Schon wenige Wochen nach der Gründung der Zigarrenfabrik, die wie in anderen Dörfern der Umgegend im Auftrag für große Zigarrenhändler in Minden, Lübbecke und Bremen produzierte, sollen in Südhemmern 140 Roller und 45 Wickler gearbeitet haben.

Die Zigarrenproduktion in der Region entwickelte sich ab 1830, von den Städten ausgehend, parallel zum Niedergang der Leinenindustrie auf den Dörfern sowie wegen fehlender Erwerbsmöglichkeiten in der Landwirtschaft für die rasch wachsende Bevölkerung. Dies führte zum einen zu einer Auswanderungswelle, vor allem nach Ame-

Karin Ressel weist auf das Lüftungsrohr der alten Schwerkraftheizung hin, deren hohe Kosten den Vorbesitzer veranlassten, das Gebäude zu verkaufen.

rika, und zum anderen zur Herausbildung eines Zentrums der Tabakindustrie. Anfangs gingen Arbeiter täglich zu Fuß zur Arbeit in die Stadt. Als es auch in einzelnen Dörfern mehr Zigarrenarbeiter gab, wurde es ökonomischer, diese dort arbeiten zu lassen. Landwirte bauten in ihrem Ort kleine Produktionsstätten und vermieteten sie, was für sie eine gute zusätzliche Einnahmequelle darstellte.

„Landwirt Waltke und seine Familie waren anfangs selbst in das Zigarrengeschäft einbezogen und daran beteiligt", sagt Karin Ressel. Um 1900 verkauften sie jedoch das Gebäude, in dem die nächsten 30 Jahre unter den Werkmeistern Buhrmester und Kreuzer produziert wurde. Immer wieder kam es zu Absatzstockungen infolge mangelnder Nachfrage und Überproduktion, was auch die Arbeiter in den drei Zigarrenfabriken, die es zwischenzeitlich in Südhemmern gab – von 27 insgesamt im Bereich der heutigen Gemeinde Hille –, zu spüren bekamen. 1928 stieg die Arbeitslosigkeit stark an, als der Bremer Zigarrenhersteller Frischen Söhne, der auch in Lübbecke eine Filiale betrieb, seine Fabrik in Südhemmern stilllegte. Laut einer Notiz im *Mindener Tageblatt* wurde im November 1928 eine größere Zahl Zigarrenarbeiter im Ort arbeitslos. Dann half neben der dürftigen Unterstützung aus der Arbeitslosenversicherung, dass viele sich im Nebenerwerb auf den umliegenden Bauernhöfen als Heuerlinge verdingen konnten.

„Landwirt Waltke und seine Familie waren anfangs selbst in das Zigarrengeschäft einbezogen und daran beteiligt."

Um 1930 wurde nach den Kenntnissen von Karin Ressel die Fabrik an den großen Zigarrenhersteller Arnold André aus Bünde verkauft, der das Gebäude in den 1930ern beträchtlich erweiterte und aufstocken ließ. Diese bauliche Veränderung lässt sich auch von außen erkennen. Die begeisterte Technikerin weist auf einen Knick der Außenwand auf der Ostseite hin. „Bis hierhin ging das alte Haus. Der Anbau folgt mit dem Minimalabstand zum Nachbargrundstück exakt der Grundstücksgrenze." Platz war im Dorf knapp, denn 90 Meter hinter dem Haus verläuft seit 1915 der Mittellandkanal. Weil keine Erweiterung in der Fläche möglich war, setzte der Bauherr die Fabriksäle oben auf den vorhandenen Bau auf. „Die Fenstersimse sind extra hoch angebracht", macht Karin Ressel auf ein Detail aufmerksam. „Die Arbeiter sollten während der Arbeit nicht hinausschauen können, um sich nicht ablenken zu lassen." So entstand ein für dörfliche Verhältnisse wuchtiger Bau, der viele der radelnden Ausflügler staunen lässt, die auf dem Weg über die nahe gelegene Kanalbrücke in die Bastauwiesen und das Hiller Moor vorbeikommen.

„Während des Zweiten Weltkriegs musste die Zigarrenproduktion in Südhemmern eingestellt werden, weil keine Deckblätter mehr geordert werden konnten", sagt Karin Ressel. Stattdessen wurden die Räume an den Flugzeug-Hersteller Peschke aus Minden vermietet. „Peschke nutzte die Fabrik als Lager für Flugzeugteile" – etwas abseits des Stadtgebiets, wo ab 1943 vermehrt Bomben fielen. „Nach Ende des Krieges wurde die Fabrik im Februar 1946 von der Firma Schäferbarthold, die Kfz-Teile und Zubehör verkaufte und gezwungenermaßen ihren Standort in Minden verlassen musste, bis 1948 gemietet. Ein Jahr nachdem Schäferbarthold ausgezogen war und die Produktion wieder lief, fand sich noch ein Untermieter ein", sagt Karin Ressel. „Eine Hutstofffabrik aus Niedersachsen mietete von 1949 bis 1952 den zweiten Stock der Fabrik, während der Rest weiterhin zur Anfertigung der Zigarren der Marke André genutzt wurde."

Zum 60-jährigen Bestehen der Zigarrenfabrik zog ein Zeitungsartikel im *Mindener Tageblatt* Anfang 1960 Bilanz. Anfänglich hatten 40 Arbeiter 10.000 Zigarren am Tag im Akkord von Hand produziert. 1929/30 waren 125 Menschen in Südhemmern in der Zigarrenherstellung tätig, 1960 dann 240. Viele, darunter auch immer mehr Frauen, kamen aus benachbarten Ortschaften. Die Produktivität war enorm gestiegen. Die Tagesleistung hatte sich von 500 Stück durch die ersten Handwickelmaschinen auf 1.200 bis 1.500 Stück nahezu verdreifacht. Elektrische Wickelmaschinen, die von einem Mann bedient, überwacht und mit Material versorgt wurden, produzierten 1.300 Zigarren – in der Stunde. Sechs solcher Maschinen standen in Südhemmern und liefen in zwei Schichten von 5 Uhr morgens bis 23 Uhr am Abend.

Trotzdem konnte der Standort mit der fortschreitenden Automatisierung nicht Schritt halten und wurde als einer der ersten geschlossen. „Bis 1963 nutzte der André-Konzern das Gebäude noch als Lagerhalle für Tabak", weiß Karin Ressel. In jenem Jahr kaufte das

Bielefelder Verlagsunternehmen Rido die Zigarrenfabrik und stellte dort bis 1980 in Handarbeit Kalender her. Danach wurde das Gebäude einmal mehr bis etwa 1990 als Lager genutzt. Mit dem Verkauf des Kalenderherstellers an den Bertelsmann-Konzern wurden seine Geschicke von Gütersloh aus gelenkt.

Dort stieß Karin Ressels erste Nutzungsanfrage auf taube Ohren. Aber als der Weltkonzern das Gebäude an Richard Dohse jun. zurückgegeben hatte, schlug ihre Stunde erneut. „Dazu geeignete Räume hatte Herr Dohse als Wohnung vermietet", sagt sie. Das hatte einen Nachteil: Die Schwerkraftheizung konnte nur das ganze Gebäude von 1.500 Quadratmetern Nutzfläche beheizen und verschlang Unsummen. Angesichts der Kosten wollte der Eigentümer die Immobilie Mitte der 2000er-Jahre abstoßen, und so einigten sich beide Seiten auf einen akzeptablen Kaufpreis.

Die Umstände der Finanzierung und Sanierung des Industriedenkmals, das inzwischen unter Schutz steht, wären ein Kapitel für sich. Denn schließlich musste Karin Ressel die Zigarrenfabrik als Privatperson kaufen und mit einem Kredit ab 2009 umbauen, damit das Ganze zu einer Fabrik für Bildung und Kultur werden konnte, von der aus jährlich bundesweit 50.000 Schüler handwerklich trainiert und bei der Berufsfindung unterstützt werden.

„Das Heizungsproblem haben wir auch gelöst, indem wir eine effiziente Brennwertheizung und Heizschleifen als Wandheizung eingebaut haben", sagt Karin Ressel. Von der alten, wenig umwelt- und portemonnaiefreundlichen Schwerkraftheizung ist nur noch das mysteriöse Lüftungsrohr in der Hauswand geblieben.

Jürgen Langenkämper

So geht's zum Lüftungsrohr:

Das Technikzentrum in der alten Zigarrenfabrik liegt in der Straße Fischerstadt 36. Das Lüftungsrohr befindet sich an der Westseite des Hauses.

Sonja Weichert kennt die zuckersüße Geschichte dieses Hauses.

18

Fachwerkhaus

Privilegierte Adresse für „weißes Gold“

Manchmal sind es nicht die kleinen, sondern die großen Dinge, die eine interessante Geschichte haben. In diesem Fall handelt es sich um ein Haus, von dem kaum jemand weiß, für welchen Zweck es errichtet wurde. Groß ist das Gebäude, um das es geht, vor allem im Vergleich zu den vielen kleinen Häusern in seiner Umgebung. Groß war aber einst auch die wirtschaftliche Bedeutung für Minden, die von hier ausging. Sonja Weichert, die sich viel mit der Geschichte Mindens befasst und private Stadtführungen unternimmt, kennt die zuckersüße Geschichte dazu.

Die kleine Gasse, in der das auffällige Fachwerkhaus steht, heißt Brüderhof. Sie liegt in der Oberen Altstadt in einem Viertel, das über Jahrhunderte zum Dominikanerkloster St. Pauli gehörte. *Der Name*, so steht es auf einem Schild an einer Wand des Hauses Nummer 6 geschrieben, *erinnert an jenen Hof zwischen Videbullenstraße und Brü-*

derstraße, der den „Brüdern“ des Dominikanerordens 1236 von der Familie von Beldersen zur Klostergründung überlassen wurde. Es wurde also von den Dominikanern erbaut? „Nein“, sagt Sonja Weichert, „das Haus wurde 1780 von den Betreibern einer Zuckerfabrik als repräsentatives Direktionsgebäude errichtet.“

Zu jener Zeit existierte das Kloster bereits seit 250 Jahren nicht mehr. Im Zuge der Reformation war es 1530 aufgelöst und das gesamte Gelände von der Stadt übernommen worden. Den ehemaligen Friedhof des Klosters östlich der kleinen Gasse, die erst in den 1870er-Jahren den Namen „Brüderhof" erhielt, ließ die Stadt mit kleinen Wohnhäusern bebauen, die sie später an Privatleute verkaufte. Das westlich gelegene Gelände behielt die Stadt größtenteils selbst und errichtete an der Stelle des heutigen Hauses Brüderhof 6 ein Zeughaus.

„Das Haus wurde 1780 von den Betreibern einer Zuckerfabrik als repräsentatives Direktionsgebäude errichtet.“

Nach 1730, also 200 Jahre später, gelangten die städtischen Liegenschaften des ehemaligen Klostergeländes in den Besitz der preußischen Regierung unter Friedrich II., dem Großen (1712-1786). Und dieser war es auch, der sich bemühte, Minden über die enormen Schäden und die wirtschaftliche Krise hinwegzuhelfen, die die Stadt im Siebenjährigen Krieg (1756-1763) und insbesondere durch die Schlacht bei Minden 1759 erlitten hatte.

So förderte Friedrich gezielt die nach dem Krieg wieder aufkeimenden wirtschaftlichen Aktivitäten Mindener Kaufleute. Adolf Heinrich Harten sowie den beiden Brüdern Friedrich und Rudolph Möller stellte die preußische Regierung unentgeltlich Gelände für eine Fabrik zur Verfügung, darunter das ehemalige Zeughaus der Stadt am Brüderhof. „Am 11. Januar 1764 erhielten die drei Kaufleute nicht nur das Privileg zur Errichtung einer Zuckerfabrik samt Siederei“, erzählt Sonja Weichert, „der König erteilte ihnen sogar das Monopol für Minden, Ravensberg, Tecklenburg und Lingen.“

„1774 wurde die Klosterkirche abgerissen, die übrigen Gebäude verschwanden kurz danach oder wurden überbaut. Im heute noch erhaltenen Westflügel des Klosters in der Alten Kirchstraße wurde eine Zuckerfabrik gegründet“, berichtet die Stadtkennerin. Schon seit Längerem hatte es in Minden Bemühungen um die Ansiedlung einer Zuckerfabrik gegeben. Ab 1724 gab es in der Obermarktstraße 33 einen entsprechenden Betrieb, der aber bereits vier Jahre später wieder eingestellt wurde. Das Vorhaben der Kaufleute Harten und Gebrüder Möller, nun erneut einen Versuch zu starten, wurde wohl auch deshalb unterstützt, weil dies dem Wunsch der Stadt im Rahmen ihrer Gewerbepolitik entsprach.

Über Jahrhunderte war Zucker eine seltene und teure Kostbarkeit, zunächst Arzneimittel, dann Luxusartikel des reichen Adels. Gewonnen wurde er aus Zuckerrohr. Die Karibik entwickelte sich ab dem 16. Jahrhundert zu dessen Hauptanbaugebiet und Rohrzucker zum Exportschlager der europäischen Kolonien. In Europa fand das Süßungsmittel, das auch als „weißes Gold" bezeichnet wurde, immer mehr Anhänger. Zuckerfabriken, in denen der importierte Rohrzucker raffiniert wurde, entstanden und florierten. Auch das Unternehmen in Minden in der Oberen Altstadt war schon nach kurzer Zeit der bedeutendste Gewerbebetrieb der Stadt. „Den Rohrzucker bezog die Fabrik von den Westindischen Inseln. Mit Schiffen kam er über Bremen und die Weser nach Minden", erzählt Sonja Weichert.

„Den Rohrzucker bezog die Fabrik von den Westindischen Inseln. Mit Schiffen kam er über Bremen und die Weser nach Minden."

Nachdem die preußische Regierung in Berlin das Privileg für die Zuckerfabrik 1779 um weitere 20 Jahre verlängert hatte, ließ Friedrich Möller, inzwischen alleiniger Eigentümer, das alte Zeughaus am Brüderhof abreißen und durch das Fachwerkhaus ersetzen, das heute noch dort steht. „Es wurde wohl als repräsentatives Bürogebäude genutzt, aber auch als Wohnhaus des Fabrikbesitzers", berichtet Sonja Weichert. Unterstützung kam abermals aus Berlin, diesmal vom Bank- und Handelshaus Splitgerber & Daum, das sich in die Mindener Zuckerfabrik einkaufte. Als Friedrich Möller sich kurze Zeit später aus dem Geschäft zurückzog, übernahmen die Berliner die Firma ganz und machten sie damit zu einem Teil des größten Wirtschaftsunternehmens Preußens. Zucker aus Zuckerrohr war allerdings nach wie vor ein teures Luxusgut – Friedrich der Große unterstützte die Suche nach Alternativen. Bereits 1747 hatte der Berliner Apotheker Andreas Sigismund Marggraf (1709-1782) eine neue Zuckerquelle entdeckt: die Rübe. Seinem Mitarbeiter Franz Carl Achard (1753-1823) gelang es dann, die ergiebigere Zuckerrübe zu züchten. Sie setzte sich schließlich ab Anfang des 19. Jahrhunderts als Ersatz für Zuckerrohr durch. Denn die Kontinentalsperre Napoleons und dessen Verlust der französischen Zuckerrohr-Kolonie Saint-Domingue, heute Haiti, nach einem Sklavenaufstand machten den Import von Rohrzucker nun unmöglich.

Für die traditionellen Zuckerraffinerien bedeutete dies das Aus, so auch für den Betrieb in Minden. „Die Böden hierzulande eigneten sich nicht für den Anbau von Zuckerrüben", berichtet Sonja Weichert. „Somit war auch die Umstellung der Produktion keine Alternative." Zwar gab es nach der Aufhebung der Kontinentalsperre noch Versuche, die Zuckerindustrie in der Stadt wieder aufleben zu lassen, letztlich aber ohne Erfolg. Aus ihrer Blütezeit übrig geblieben ist aber das Fachwerkhaus am Brüderhof – einst repräsentatives Aushängeschild für Mindens zuckersüßes „weißes Gold".

„Die Böden hierzulande eigneten sich nicht für den Anbau von Zuckerrüben. Somit war auch die Umstellung der Produktion keine Alternative."

Kerstin Rickert

So geht's zum Fachwerkhaus:

Es steht in der Altstadt-Gasse Brüderhof 6.

Die Konsole zeigt eine nackte Frau, die rückwärts auf einem Schwein reitet.

19

Relief

Zweifelhaftes im Paradies von St. Martini

Wer die St. Martinikirche in der oberen Altstadt Mindens durch das Paradies, den Vorraum der Kirche, betritt, kommt unwillkürlich an einem zweifelhaften Relief vorbei. Es befindet sich etwas versteckt rechts der Tür in einer dunklen Ecke im Nordwesten der Vorhalle und wird leicht übersehen. Nicht jedoch von Hans Langescheid. Aus seiner Sicht ist die Verzierung ein düsteres Geheimnis aus vergangenen Zeiten. „Das ist eine Judensau", sagt der Initiator des Arbeitskreises Stolpersteine, der jedwedem Rassismus und Antisemitismus kritisch gegenübersteht. Er hat sich lange und intensiv mit der Geschichte der Juden und ihrer Verfolgung in Minden beschäftigt.

Hans Langescheid ist nicht der Erste, dem das Bildnis an der Konsole in 3,50 Metern Höhe aufgefallen ist. Auch in *Bau- und Kunstdenkmäler von Westfalen* taucht die Konsole auf, aber sehr lakonisch: „In der Nordwestecke eine Judensau: eine nackte Frau, rückwärts auf einem Schwein reitend, in grober Ausführung, vor gezackten, flachen Blättern." Mehr nicht. Dazu erfolgt noch eine Datierung, und zwar auf die Zeit nach 1385, weil in jenem Jahr ein schwerer Sturm den Turm von St. Martini zum Einsturz gebracht hatte.

Hans Langescheid weist auf die mittelalterliche Darstellung einer sogenannten „Judensau" in einer dunklen Ecke der Vorhalle in der St. Martinikirche hin.

Hans Langescheid ist die mittelalterliche antijudaistische Darstellung ein Dorn im Auge. „Damit wurden judenfeindliche Stereotype bei den Gläubigen, die zum Gottesdienst in die Kirche kamen, verbreitet", vermutet er hinter dieser Darstellung eine propagandistische Absicht der Augustiner-Chorherren, denen die Kirche in jener Zeit gehörte.

Es ist aber nicht sicher, ob es sich dabei wirklich um eine sogenannte Judensau handelt. Solche Darstellungen gab und gibt es in und an Kirchen im deutschsprachigen Raum und auch darüber hinaus zuhauf – und viele sind deutlich krasser und auch eindeutiger als das Mindener Exemplar. Eines der bekanntesten ist an der Stadtkirche in der Lutherstadt Wittenberg zu sehen. Charakteristisch sind durch ihre Kleidung, vor allem spitze Hüte, von den Zeitgenossen eindeutig als Juden zu erkennende Personen, die meist an den Zitzen einer Sau saugen – ähnlich den römischen Zwillingen Romulus und Remus bei der Wölfin – oder einem Schwein in den Anus schauen. „In anderen Varianten aber reiten Juden verkehrt herum auf einem Schwein, das Gesicht dem Anus zugewandt", sagt Hans Langescheid.

Was die abschließende Deutung und Bewertung schwierig macht und nach einer nicht nur kunsthistorischen Untersuchung schreit, ist die Tatsache, dass es in Verbindung mit Schweinen auch andere abwertende bildliche Darstellungen gab. Aus dem Kanon der sieben Todsünden wurden Gula, die Völlerei, und Luxuria, die Wollust, oft mit einem Schwein symbolisch verknüpft. Letztere, die Wollust, würde auch einer auf einem Schwein reitenden Frau entsprechen.

Aber schlussendlich lag die Deutung im Mittelalter und auch noch nach der Reformation wohl im Auge des Betrachters – und in der Auslegung des Priesters auf der Kanzel. Denn jener, der sein Gebäude kannte, konnte seine Zuhörer in der Predigt gezielt darauf hinweisen und das Bildnis „in grober Ausführung" in dem einen oder anderen Sinne auslegen. Aber die der jüdischen Minderheit gegenüber diskriminierende Deutung war gewiss die wirkungsmächtigere. Und beim Hinausgehen hätte ein Blick auf die Darstellung die Nachhaltigkeit der zuvor gehörten Predigtworte auf jeden Fall erhöht.

„In der Stadt wusste jeder, dass es das Relief gab."

„In der Stadt wusste sicher jeder, dass es das Relief gab", meint Hans Langescheid – ob nun als Luxuria oder als Judensau.

Jürgen Langenkämper

So geht's zum Relief:

Die St. Martinikirche liegt in Minden am Martinikirchhof in der oberen Altstadt. Das Relief ist nach Betreten des Paradieses in der rechten Ecke zu finden.

Ortsheimatpfleger Rolf Tiemann zeigt gern die Kanonenkugel in der Kirchenwand.

20 Kanonenkugel

Wie kam das Geschoss in die Kapellenwand?

Die dreistündige Schlacht bei Minden am 1. August 1759 war eine entscheidende Schlacht des Siebenjährigen Krieges (1756-1763), in dem die mit England verbündeten Preußen der französisch-österreichischen Koalition gegenüberstanden. England konnte sich durch den Sieg in diesem Krieg die Vorherrschaft in Nordamerika gegenüber Frankreich sichern, und Preußen verteidigte den Besitz Schlesiens, das es Österreich zuvor in zwei Kriegen abgerungen hatte. Die Bewohner Südhemmerns werden sich wohl über den Sieg der Engländer gefreut haben, denn mit den Franzosen hatten ihre Vorfahren bereits unerfreuliche

Erfahrungen gemacht, wie die beiden Ortsheimatpfleger Rolf Tiemann und Dennis Schnitker berichten.

Als die Schlacht tobte, wurde eine unzählbare Menge an Kanonenkugeln verschossen. Eine davon steckt heute noch, zur Hälfte sichtbar, in der rückwärtigen Außenwand der Kapelle Maria Magdalena in Südhemmern, obwohl das Dorf ja gar nicht Austragungsort der Schlacht war. Wie mag sie dort hingekommen sein?

Nachdem bereits 1676 viele der dicht beieinander gebauten Wohnhäuser des Dorfes einschließlich der erst siebzehn Jahre zuvor erbauten Schule abgebrannt waren, schlug das Schicksal nur zwei Jahre später erneut zu. Bei einem weiteren Brand fielen 1678 die wieder aufgebaute Schule und auch die 1324 errichtete Kapelle den Flammen zum Opfer. Von den einst fünfzig Häusern im Dorf standen schließlich nur noch acht.

Ein Jahr danach, 1679, fielen die Franzosen ins Dorf ein und hatten leichtes Spiel. Sie führten Krieg gegen das Herzogtum Braunschweig, das Besitzungen im Mindener Land hatte. Da der Kurfürst Friedrich Wilhelm von Brandenburg (1620-1688) mit seinen Truppen an der Seite Hollands kämpfte und weit weg war, wurden die Einheimischen vertrieben und mussten sich sieben Wochen im Wald bei Lavelsloh verstecken. Die Franzosen plünderten deren Häuser und zerstörten auch die Kapelle weiter.

1680 folgte auch noch ein schwerer Hagelschlag, der in Südhemmern die gesamte Ernte vernichtete. Bis heute wird seitdem in der Kapelle am Montag nach Trinitatis ein Hagelfeiertag begangen, in dessen Bußgottesdienst-Liturgie um Schutz vor weiteren Katastrophen gebetet wird. Heimatpfleger Rolf Tiemann stellt fest: „Die Menschen hier in Südhemmern haben immer wieder schwere Zeiten durchmachen müssen. Seit 1650 gibt es ein Kapellenrechnungsbuch, das Aufschluss über wichtige Ereignisse im Dorf gibt."

In Eigenleistung wurde die Kapelle erneut aufgebaut, und auch das Geld für die Sanierung musste von den etwa 50 Familien des Dorfes aufgebracht werden. Da sie selbst nicht über die genügenden Mittel verfügten, baten sie sogar im verhältnismäßig reichen Holland um Unterstützung. Selbst das Mindener Domkapitel stellte den evangelischen um Unterstützung Bittenden eine Empfehlung für das Sammeln in katholischen Gegenden aus. 1687 wurde am Namenstag Maria Magdalena die Kapelle neu geweiht.

Das Dorf Südhemmern war 1033 vom Mindener Martini-Stift gegründet worden, um durch dessen landwirtschaftliche Produkte die Ernährung der Stiftsangehörigen sicherzustellen. Nach der Reformation gehörte Südhemmern anfangs weiterhin zur nun evangelischen Martini-Gemeinde und später zur Kirchengemeinde Hille. Das lutherische Kirchenleben wurde in der ganzen Region von den Altarmännern geprägt, die Gebetsabende abhielten und auch einen Pfarrer zu den selten stattfindenden Predigtgottesdiensten abholten. Sie waren zudem für das Bildungswesen zuständig und ließen die Schule auch in diesem Dorf wie üblich direkt neben der Kapelle errichten. Zwei Namen dieser prägenden Altarmänner lassen sich noch heute an der Kanzel finden: *Ernst Uphoff* und *Rolf Wiese*. Sie taten sich auch bei der Finanzierung des Neubaus nach der Zerstörung von 1679 hervor.

Die Kapelle Maria Magdalena ist ein schlichter Saalbau, der mit einer halbrunden Apsis abschließt. Gestützt wird das Gebäude von vier mächtigen, schrägen Eckpfeilern, die von außen deutlich sichtbar sind. Der mit grauen Pfannen gedeckte Dachstuhl ist, auf Knaggen gestützt, dem Gebäude vergleichbar einer Mütze aufgesetzt, wie es die beiden Ortsheimatpfleger Rolf Tiemann und Dennis Schnitker erklären. Auf dem Dach befindet sich ein kleiner Glockenturm. Der beherbergte einst auch die Kirchturmuhr, die hier ohne Ziffernblatt und Zeiger auskam und die Zeit lediglich durch stündliche Glockenschläge verkündete. Die reich verzierte Kanzel stammt von 1574, hat jedoch nicht Feuer und Plünderung überstanden, sondern wurde 1687 für einen Taler und 27 Groschen gebraucht von den Altarleuten in Dankersen gekauft und von Johann Keill aus Minden neu bemalt.

Nach dem Zweiten Weltkrieg wunderten sich die Bewohner von Südhemmern, dass in den ersten 20 Jahren immer wieder englische Soldaten, die in der Gegend stationiert waren, die Kirche besichtigen wollten. Sogar Busse mit englischen Schulkindern kamen zeitweise. Dabei war das Dorf, anders als einige Nachbardörfer, an der Schlacht bei Minden von 1759 gar nicht direkt beteiligt gewesen. „Von Schäden an Gebäuden hier oder von Bewohnern des Dorfes, die bei der Schlacht umkamen, ist nichts dokumentiert“, erzählt Rolf Tiemann. Am Abend der Schlacht am 1. August 1759 hatte Herzog Ferdinand von Braunschweig-Wolfenbüttel (1721-1792), der die preußisch-englischen Heere befehligte, in Südhemmern jedoch sein Hauptquartier genommen und hier das historische Schreiben über den Sieg an den König von England verfasst. Auch feierten die Gewinner am nächsten Tag ihren Sieg über die Franzosen mit einem Dankgottesdienst in der Kapelle Maria Magdalena.

Einige Jahre lang blieb die englische Kavallerie mit ihren Pferden bei den Bauern einquartiert. Sie wurden versorgt, bis die unfreiwilligen Gastgeber sich schließlich bei Preußenkönig Friedrich II. beschwerten. Einige jedoch blieben der Liebe wegen, wie man aus Eintragungen im Kirchenbuch erkennen kann, in dem deutsch-englische Trauungen und Geburten sowie Kindstaufen aus diesen Verbindungen verzeichnet sind. Und die Kanonenkugel? Heimatpfleger Dennis Schnitker weiß: „Vom Schlachtfeld wurden unzählige Kanonenkugeln nach der Schlacht von den Soldaten aufgesammelt, um sie beim nächsten Kriegseinsatz wiederzuverwenden. Aber manche wurden auch erst viel später bei der Feldarbeit gefunden.“ So fand wohl auch diese eine Kugel ihren Weg nach Südhemmern, wo sie zur Erinnerung an die Schlacht und zur Mahnung gegen den Krieg eingemauert wurde.

„Vom Schlachtfeld wurden unzählige Kanonenkugeln nach der Schlacht von den Soldaten aufgesammelt, um sie beim nächsten Kriegseinsatz wiederzuverwenden.“

Rolf Graff

So geht’s zur Kanonenkugel:

In Südhemmern steht in der Straße Im Dorf auf der linken Seite die Kapelle Maria Magdalena. Die Kanonenkugel steckt in der rückwärtigen Außenseite.

Hof-Buchdruckereibesitzer
Gustav Bruns
* 26. Nov. 1848. † 3. Dez. 1908.
Johanna Bruns
geb. Lardon
* 26. Febr. 1851, † 1. Jan. 1946.
Ruhestätte
der Familie
Gustav Bruns
Julius Bruns
* 31. Jan. 1874. † 28. Nov. 1925.
Tony Gehlhar
geb. Bruns
* 10. April 1875 † 19. Febr. 1953.

Gustav-Bruns-Grab

„Erste Adresse der Weltliteratur“

Auf dem Alten Friedhof, zwischen Friedrichstraße und Königstraße in Minden gelegen, lässt sich einiges entdecken. Seit den 1950er-Jahren ein Botanischer Garten, bietet er vielfältige Einblicke in die Pflanzenwelt. Im 19. Jahrhundert allerdings war der Alte Friedhof fast einhundert Jahre lang die Haupt-Begräbnisstätte und der erste kommunale Gottesacker in Minden. In jener Zeit wurden dort auch zahlreiche hochrangige Persönlichkeiten der Stadt beerdigt, deren Grabsteine noch heute erhalten sind. Der Maurermeister und einflussreiche Immobilienbesitzer Franz Friedrich Lax und sein Sohn Franz Eduard (siehe Geheimnis 29) sind dort in einem aufwendig gestalteten Familiengrab beigesetzt. Der Leibpage von Friedrich II., dem „Alten Fritz“, Carl Philipp Wilhelm von Rango (1764-1827), den der König wie einen Sohn liebte, fand auf dem Alten Friedhof seine letzte Ruhestätte. Ebenso der langjährige Mindener Bürgermeister Martin Friedrich Kleine (1787-1854), der sich in besonderem Maße um die Verbesserung des Bildungs- und Sozialwesens und den Bau von Schulen verdient machte.

Eine Grabstätte aber fällt allein durch ihre Lage und den frischen Grabschmuck auf. Sie liegt ganz in der Nähe des zentralen Platzes, um den sich Bänke zum Verweilen gruppieren und dessen Mittelpunkt ein Wegkreuz bildet. Es ist die Ruhestätte der Familie Gustav Bruns, wie sich aus einer Inschrift ablesen lässt. Bei näherer Betrachtung des Grabsteins kann man ein interessantes Detail entdecken: *Hof-Buchdruckereibesitzer* ist dort über dem Namen *Gustav Bruns* (1848-1908) zu lesen. Christoph Pepper, ehemaliger Chefredakteur des *Mindener Tageblatts*, kann erklären, was es damit auf sich hat.

Wenngleich Minden in seiner langen und bewegten Geschichte immer wieder von Fürsten und Königen regiert wurde: Ein Schloss gab und gibt es in der Stadt nicht, und sie war auch nie Adelssitz. Was also hat die Bezeichnung „Hof-Buchdruckereibesitzer“ zu bedeuten?

Die Grabstätte von Gustav Bruns befindet sich auf dem Alten Friedhof in Minden.

Die Antwort ist laut Pepper in der Geschichte des Verlagshauses J.C.C. Bruns zu suchen. Es existiert bis heute, befindet sich noch immer in Familienbesitz und gibt unter anderem das *Mindener Tageblatt* heraus.

1834 erwirbt der gelernte Drucker Johann Christian Conrad Bruns (1800-1877) aus Hannover die 1816 gegründete Bösendahl'sche Buch- und Steindruckerei in Minden. Die Druckerei stellt anfangs Formulare für Behörden und Firmen her. Ab 1856 erscheint das *Mindener Tageblatt*, zunächst noch als *Minden-Lübbecker Kreisblatt*, erst einmal, später dreimal wöchentlich. „Nach dem Tod des Firmengründers trat Gustav Bruns als jüngster Sohn von 14 Kindern in die Fußstapfen seines Vaters, weil der eigentliche Nachfolger Carl Julius 1871 den Pocken zum Opfer gefallen war", erzählt Christoph Pepper. Gustav Bruns habe das Unternehmen dann ausgebaut und um zusätzliche Geschäftsmodelle erweitert, darunter der Verkauf und die Herstellung von Büchern. „1881 gründete er den Verlag J.C.C. Bruns mit den Initialen des Vaters im Namen und begann zunächst, in erster Linie Heimat- und Reiseliteratur zu verlegen."

Christoph Pepper hat sich mit dem Leben und Wirken von Gustav Bruns beschäftigt.

Doch Gustav Bruns ist ein künstlerisch und literarisch interessierter Mann und entwickelt den kleinen Verlag im ländlichen Westfalen und fernab der Literaturzentren in den Großstädten zu einer gefragten Anlaufstelle für anspruchsvolle Literatur aus der ganzen Welt. Er verschreibt sich der literarischen Moderne und verlegt aufwendig gestaltete Werke hochrangiger Autoren. Bei J.C.C. Bruns erscheinen Edgar Allan Poes Werke in zehn Bänden, Gedichte des amerikanischen Lyrikers Walt Whitman, Literatur von Charles Baudelaire, Gustave Flaubert, Dostojewski, H. G. Wells und Oscar Wilde. „In der Literaturwissenschaft sprach man später sogar von einer ersten Adresse der Weltliteratur“, sagt Christoph Pepper.

Es ist nicht verwunderlich, dass Gustav Bruns, der sich inzwischen zur verlegerischen Avantgarde zählen kann, zum exklusiven Hof-Lieferanten nicht nur des Fürstenhauses Schaumburg-Lippe im nahen Bückeburg wird, sondern auch des Herzogs von Sachsen-Coburg und Gotha, wie Christoph Pepper zu berichten weiß. Auch im gesellschaftlichen Leben der preußischen Garnisons- und Beamtenstadt Minden spielt Bruns eine wichtige Rolle. Er unterstützt großzügig caritative Zwecke, gehört 20 Jahre dem Rat der Stadt Minden an und steht zehn Jahre lang als Stadtmajor an der Spitze des Mindener Bürgerbataillons.

In den eigenen Betrieb investiert er die modernste Technik der damaligen Zeit. Unter anderem mit der Anschaffung einer Dampfmaschine und später von Gasmotoren führt er die Druckerei in eine zukunftsträchtige Ära: Ab 1893 erscheint die Zeitung täglich.

Weltliteratur verlegt der mittlerweile in sechster Generation geführte Familienbetrieb heute zwar nicht mehr, diesen Geschäftszweig musste Gustavs Sohn und Nachfolger Max Bruns, selbst anerkannter Autor, in den wirtschaftlich schwierigen Zeiten Ende der 1920er-Jahre schweren Herzens aufgeben. Aber Nachrichten aus der Heimat und aller Welt bringt das *Mindener Tageblatt* immer noch täglich zu seinen Leserinnen und Lesern. Ganz wie die Pioniergeneration immer auf dem neuesten Stand der Technik – seit langem also auch schon komplett digital.

Kerstin Rickert

So geht’s zum Gustav-Bruns-Grab:

Es befindet sich auf dem Alten Friedhof in Minden an dem Weg, der vom Eingang Parkstraße durch den Friedhof führt. Das Grab von Gustav Bruns ist das letzte vor dem großen Kreuz auf der rechten Seite.

Die Stahlmanschette lässt erahnen, dass die Eisberger Weserbrücke im April 1945 gesprengt wurde.

22

Stahlmanschetten

Weserbrücke nach Landrat benannt

In früheren Zeiten gab es nur wenige Brücken über die Weser. Die älteste im Kreis war die steinerne Brücke in Minden von 1594. Sie hatte bereits hölzerne Vorläufer. 1865 wurde zwischen Barkhausen und Hausberge eine Kettenbrücke gebaut. Die dritte Straßenbrücke – wenn man die drei Weserüberquerungen der Eisenbahnen zwischen Holtrup und Rehme (1847), bei Vlotho (1875) und in Minden (1898) nicht einrechnet – entstand in Eisbergen. *Erbaut 1921/22* steht auf einem nach der Erneuerung und Verbreiterung 1969 angebrachten Hinweisschild. „Aber das stimmt nicht", weiß Ortsheimatpfleger Reinhard Busch. „Die Brücke war schon im Dezember 1920 fertig." Benannt ist sie nach dem damaligen Landrat Petersen.

Doch das ist nicht das einzige Geheimnis in der wechselvollen hundertjährigen Geschichte der Eisberger Brücke. „Sie wurde gegen Ende des Zweiten Weltkriegs gesprengt und später wiederaufgebaut", erzählt Reinhard Busch und weist auf die Stahlmanschetten an einigen Trägern hin. Deutsche Pioniere wollten die Flussüberquerung der vorrückenden Amerikaner verhindern, zumindest aber verzögern. Die Sprengung am 3. April 1945 gelang jedoch nicht wie geplant. „Der erste Sprengversuch war erfolglos, die Ladung war wohl zu schwach“, sagt der Ortsheimatpfleger, der sein Ehrenamt seit mehr als 20 Jahren ausübt. Beim zweiten Versuch zündete nur der Sprengstoff zum Nordufer hin. Unter ihrem Eigengewicht knickte die Brücke am Südufer ab und fiel schräg ins Wasser.

Drei Tage später, am 6. April, überschritten die Amerikaner die Weser in der Porta Westfalica. In den nächsten Tagen eroberte die 9. US-Armee den Ort – nicht ohne Verluste auf beiden Seiten. Die Sprengung war ohne Einfluss auf das Kriegsgeschehen. Für das Leben der Eisberger nach dem Krieg hatte die strategisch sinnlose Tat dennoch Auswirkungen. Denn am 13. Mai 1945 kamen zwölf Menschen ums Leben, als die überfüllte Behelfsfähre kenterte. Unter den Toten waren auch fünf Kinder und Jugendliche. Daran erinnert ein 1992 aufgestellter Gedenkstein auf dem südlichen Ufer.

Die nächsten zwei Jahre behalfen sich die Eisberger mit einer hölzernen Notbrücke. 1946/47 wurde die Brücke wiederaufgebaut und 1968/69 erneuert und verbreitert durch den Rat der Gemeinde mit finanziellen Hilfen des Bundes und des Landes Nordrhein-Westfalen, wie die Tafel in Erinnerung ruft. Die Verbreiterung ermöglichte einen Begegnungsverkehr auf der Brücke und den Anbau eines Fußweges auch auf der westlichen Seite. Vor allem wurde die Tragfähigkeit von zwölf auf 30 Tonnen erhöht, und auch die zulässige Höchstgeschwindigkeit stieg, denn in den Anfangsjahrzehnten war für Kraftfahrzeuge Schritttempo vorgeschrieben. Am siebten senkrecht aufragenden Stahlträger auf der Ostseite ist auch heute noch zu sehen, wo die alten, wiederverwendeten und die wenigen neuen Bauteile der Brücke – unter anderen die Stahlmanschetten – aufeinanderstoßen. „Die stählerne Manschette stammt aus dieser Zeit“, sagt Reinhard Busch und legt seine Hand auf das Metall. Auch an den drei entsprechenden Trägern auf der anderen Straßenseite und auf dem südlichen Weserufer sind die Manschetten zu finden.

Auch wenn die Brücke anfangs klein erschien, war sie für die Eisberger Bevölkerung von großer Bedeutung. Denn als einziges Dorf im Kreisgebiet erstreckt sich der Ort über beide Weserseiten. Ein Siebtel der Gemarkung liegt auf dem Südufer. „Felder, Wiesen und Weiden waren nur über die im Besitz des Rittergutes befindliche Personen- und Wagenfähre zu erreichen", schrieb der damalige Ortsheimatpfleger Hans Reese in einem Artikel zum 75-jährigen Bestehen der Brücke. Vor allem während der Ernte bildeten sich Staus an der Fähre. Manches Fuder wurde durch einsetzenden Regen während des Wartens verdorben. Auch wenn die Eisberger täglich hin- und herwechseln mussten, um 160 bis 170 Kühe auf der Sommerweide zu melken, war der Zeitverlust lästig.

Ortsheimatpfleger Reinhard Busch legt seine Hand auf die Stahlmanschette, die den Träger der alten gesprengten Brücke mit den neuen Trägern verbindet.

So erklärten sich nach der Jahrhundertwende 33 Bauern, die Land südlich der Weser hatten, bereit, den Brückenbau mitzufinanzieren. Pro Morgen Grundbesitz wollten sie 30 Mark als Zuschuss zahlen. 1909 lagen Baupläne vor. Doch dann kam der Ausbruch des Ersten Weltkriegs der Verwirklichung des Vorhabens zuvor.

Nach Kriegsende wollten die Eisberger die alten Pläne wieder aufgreifen. Das Wasserstraßenamt forderte jetzt aber eine größere Spannweite von 60 Metern, was die Baukosten in die Höhe trieb. Dennoch erklärten sich die Bauern bereit, 40 Mark Zuschuss pro Morgen zu tragen. Zugute kam ihnen dabei, dass Naturalien zu jener Zeit hoch im Kurs standen und im Tausch für den benötigten Stahl gerne angenommen wurden. Ohne die finanzielle Unterstützung des Kreises Minden wäre der Bau für die Gemeinde dennoch nicht zu stemmen gewesen. In Dankbarkeit für die Unterstützung durch Landrat Erich Petersen (1871-1942), der bei der feierlichen Einweihung am 13. Dezember 1920 zugegen war, nannten die Eisberger das Bauwerk „Landrat-Petersen-Brücke“.

Zur Finanzierung der Kosten wurde ein Brückengeld erhoben. Nur Einwohner aus Eisbergen und Fülme, das Militär sowie Amtspersonen und Geistliche im Dienst mussten es nicht entrichten. Bei allen anderen kassierte ab 1925 der Friseur Hans Brunner ab. Für ihn errichtete die Gemeinde auf der Ostseite der Brücke am rechten Ufer ein Brückenhäuschen, das er pachtete und für sein Geschäft nutzte. Bis in die 1950er-Jahre existierte dieser kuriose Friseursalon. „Das Brückengeld wurde aber schon vor dem Krieg abgeschafft“, meint Reinhard Busch. Anschließend war ein Farben- und Tapetengeschäft in dem Häuschen untergebracht, und zuletzt diente es als Armenhaus der Gemeinde.

Nachdem auch auf dem Südufer neue Straßen angelegt wurden, ist der Weg über die Brücke für Eisberger der schnellste Weg nach Rinteln und zum Naherholungsgebiet am Doktorsee. Auf dem beliebten Weserradweg verläuft der Streckenabschnitt von Rinteln nach Vlotho über die Eisberger Brücke. So radeln jährlich abertausende Besucher durch das mehr als 1.100 Jahre alte Weserdorf und über das 100 Jahre alte Bauwerk, ohne zu wissen, dass die Brücke vor Jahrzehnten mit den Stahlmanschetten zusammengeflickt wurde.

Jürgen Langenkämper

So geht's zu den Stahlmanschetten:

Die Weserbrücke in Eisbergen liegt nach Durchfahren der Ortschaft auf der Weserstraße in Richtung Rinteln rechterhand. Der Weserradweg verläuft, von Rinteln kommend, auf der Straße Aue über die Landrat-Petersen-Brücke. Die Stahlmanschetten sind an den äußeren Trägern zu finden. In der Nordostecke, wo der Friseur das Brückengeld kassierte, ist es der siebte Träger.

Wappen

Eine Nachtigall, keine Schnapsdrossel

Ob sie schön ist oder nicht, ist eine Frage des Geschmacks. Imposant ist die Villa Rodenbecker Straße 21 aber ohne Frage. Die Fenster im Erdgeschoss sämtlich mit schmiedeeisernen Gittern versehen und das Grundstück von einer hohen Mauer umgeben, schirmt sich das Gebäude wie eine Trutzburg von seiner Umgebung ab. Besonders einladend wirkt es nicht gerade, eher abweisend und wie ein grauer Klotz von erhabener Schlichtheit, der so gar nicht in die Gegend mit ihren öffentlichen Grünflächen passen will. Genau deshalb fällt das Bauwerk wahrscheinlich auch besonders auf, und man fragt sich, wer es errichtet haben mag.

Über der Eingangstür befindet sich ein Wappen. Zu erkennen sind römische Ziffern: *MCML*. Das Haus wurde also 1950 erbaut. Aber man kann noch etwas sehen: In der Mitte des Wappens über der Jahreszahl ist ein kleines Häuschen abgebildet mit einem überdimensional großen Vogel auf dem Dach. Irgendwie passend, könnte man meinen: Steht die Villa, an der das Wappen angebracht ist, doch direkt am Glacis, dem Grüngürtel, der sich um die Mindener Innenstadt zieht. Und dort gibt es jede Menge Vögel. Ein Blick ins Archiv des *Mindener Tageblatts* zeigt, dass dieser Bezug gar nicht so abwegig ist. Ute Kolbow hat aber noch eine ganz andere Erklärung, und die hat zu tun mit dem Erbauer der Villa: Richard Ernst Strothmann, Mitglied der Gründerfamilie der Brennerei Strothmann.

„Das Wappen zeigt eine Nachtigall", sagt Ute Kolbow und schiebt schmunzelnd mit Verweis auf die Produkte der Brennerei Strothmann schnell hinterher: „Es ist keine Schnapsdrossel." Die Mindenerin ist Vorstandsvorsitzende der Dr. Hans-Joachim + Christa Strothmann Stiftung, die seit dem Tod des Stiftungsgebers 2006 gemeinnützige Zwecke in der Region fördert und unterstützt. Dr. Hans-Joachim Strothmann (1923-2006) war der Enkel des Gründers der Brennerei Strothmann und leitete diese in dritter Generation

Ute Kolbow weiß, was das Wappen über der Tür zu bedeuten hat.

zusammen mit seinem Bruder Wilhelm-Egon bis zu deren Verkauf 1988. Er bewohnte die Fabrikantenvilla mit seiner Familie, seine Frau Christa lebte dort noch bis zu ihrem Tod 2018.

Ute Kolbow erzählt, dass die Stiftung, die das Wappen als Logo verwendet, sich natürlich auch dafür interessiert habe, was es zu bedeuten hat – die Recherchen hätten dann ergeben, dass es sich um ein Familienwappen handelt. „Der Gründer der Brennerei Strothmann und Großvater von Hans-Joachim kam nicht aus Minden", erzählt sie. In Lippstadt war Wilhelm Strothmann (1859-1942) zur Schule gegangen und hatte eine kaufmännische Lehre absolviert, bevor er nach Minden zog, um in dem Destillationsbetrieb seines Onkels Theodor Rohlfing zu arbeiten und diesen später zu übernehmen. „Als daraus nichts wurde, gründete er 1886 einen eigenen Betrieb, die Brennerei Strothmann", berichtet Ute Kolbow. Schon nach kurzer Zeit war er damit so erfolgreich, dass die Brennerei an ihrem ersten Standort in der Bäckerstraße aus allen Nähten platzte und Strothmann sie an den Königswall verlegte. Das Brennereigebäude, das er am neuen Standort 1888 errichten ließ, ist heute im Eigentum der Stadt Minden und beherbergt Stadtbibliothek, Volkshochschule, ein Theater und einen Jazz Club.

„Der Gründer der Brennerei Strothmann und Großvater von Hans-Joachim kam nicht aus Minden."

Die erste Hälfte des 20. Jahrhunderts war für die Firma von Höhen und Tiefen gekennzeichnet, sie konnte sich aber trotz wirtschaftlicher Krisen und durch die zeitweilige Verlegung auf die Herstellung von Essig, Senf und Malzextrakten behaupten. Ende des Zweiten Weltkriegs durch Bombardements schwer getroffen, traten die Zwillingsbrüder Hans-Joachim und Wilhelm-Egon Strothmann in das Unternehmen ein, das inzwischen von den beiden Söhnen des Gründers, Wilhelm Gustav und Richard Ernst, geführt wurde und weit über die Grenzen Mindens hinausgewachsen war. Das Wirtschaftswunder in den Nachkriegsjahren verhalf der Brennerei zu neuer Blüte. Um 1950 erwarb Richard Ernst Strothmann in unmittelbarer Nähe des Stammsitzes Königswall das Grundstück Rodenbecker Straße 21 und ließ dort ein Wohnhaus nach seinen ganz eigenen Vorstellungen für sich errichten.

Wie es zu dem Wappen über der Eingangstür kam, dazu liefert das *Mindener Tageblatt* in einer Ausgabe von 1969 eine interessante Geschichte, die hier auszugsweise zitiert werden soll. „Die Mindener ‚Nachtigallen-Villa' liegt an der Rodenbecker Straße, nicht weit von unserem herrlichen Glacisgürtel. An Maiabenden brauchen nur die Fenster geöffnet zu werden, um dem Gesang der Nachtigallen zu lauschen. In der Villa sind die ‚Sitzreihen', das Glacis ist die Bühne der hochqualifizierten Sänger. Oft werden Freunde des Hauses eingeladen, und bei einer guten Maibowle hört man ein Nachtigallen-Konzert mit allen Variationen. Strahlendes Licht wird vermieden, es brennen nur einige Kerzen, und bei Mondschein verzichtet man auch auf diese", schrieb der Verfasser des Artikels. Eines Tages im Mai, so heißt es weiter, habe man sich an der Rodenbecker Straße gesagt: „Wenn wir schon ein ‚Nachtigallen-Haus' haben, dann wollen wir auch unseren ‚Star' in unserem Familienwappen (Hauskennzeichen) aufnehmen." Nur Eingeweihte wüssten, was es mit dem „Vogel über der Haustür" für eine Bewandtnis habe. „Es ist das Symbol der Familie Strothmann, die in Neuhaus bei Paderborn das Gut ‚Nachtigall' besaß", berichtete der Journalist.

Ob die Geschichte wahr ist oder nur eine schöne Legende, wer weiß? Tatsächlich aber findet sich in der Ortschronik von Mastbruch, einem Ortsteil von Schloss Neuhaus und heute zur Stadt Paderborn gehörend, ein Hinweis auf ein „bischöfliches Gut Nachtigall" im 17. Jahrhundert. 1891 gelangte es in den Besitz einer Familie, die es heute als Hotel betreibt. Es trägt denselben Namen wie der Vogel im Wappen der Familie Strothmann: Nachtigall.

Kerstin Rickert

So geht's zum Wappen:

Es hängt am Haus Rodenbecker Straße 21 über der Eingangstür.

Das Porträt an der Außenwand zeigt den Namenspaten Helmuth Graf von Moltke.

24

Porträt

Moltke, nicht Wittekind!

Auf der höchsten Kuppe des Wittekindsberges steht ein Aussichtsturm. „Der Moltketurm, so nennen ihn alle", sagt Robert Kauffeld. „Aber in Wirklichkeit heißt er Wittekindsturm oder Wittekindstein." Das sei völlig in Vergessenheit geraten, fügt er hinzu, seit der Turm 1906 per amtlicher Bekanntmachung nach dem preußischen Generalfeldmarschall Helmuth Graf von Moltke (1800-1891) benannt wurde. Sogar ein Porträt des Namensgebers ziert die Außenwand.

Maßgeblich finanziert wurde der Bau des 13,90 Meter hohen Turms 1829 durch den Besitzer des am Südhang des Berges liegenden Gutes Wedigenstein, Heinrich Ludwig Schumacher (1779-1856). Seine Verehrung für den Sachsenherzog Wittekind kam auch darin zum Ausdruck, dass er im selben Jahr einen „Wittekind-Denkstein" dort aufstellen ließ, wo aufgefundene Grundmauern auf den Standort der mittelalterlichen Burg Wedigenstein hindeuteten. „Außerdem hatte Schumacher seinem Sohn Carl bei der Geburt 1818 den zweiten Vornamen Wittekind gegeben", schmunzelt Robert Kauffeld.

Die Initiative zum Bau dieses Signalpunkts 1. Ordnung war von dem Mindener Obergeometer Johann Jakob Vorlaender (1799-1886) ausgegangen, der die erste Vermessung am 3. Juli 1831 beurkundete. Schnell entwickelte sich das manchmal nach ihm auch Vorlaenderturm genannte Bauwerk zu einem beliebten Aussichtspunkt. Für den Aufstieg war Eintritt zu entrichten. „Später wurden in einem Häuschen neben dem Eingang Postkarten verkauft", erinnert sich Robert Kauffeld, der als gebürtiger Barkhauser unzählige Male die schmale Wendeltreppe bis zur Aussichtsplattform in 294 Metern Höhe N. N. emporgestiegen ist.

Robert Kauffeld ist die Wendeltreppe schon unzählige Male emporgestiegen.

Der Wittekindsturm gab dem ganzen Berg, der vorher Wiedenberg oder Margarethenberg – nach der nahegelegenen kleinen Kapelle – genannt worden war, seinen Namen. Doch 1906 suchte die Gemeinde Barkhausen im Wettstreit mit der Bismarcksäule auf dem Jakobsberg einen modernen, an das Hohenzollernhaus angelehnten Namen. Seither heißt das Bauwerk Moltketurm. In halber Höhe wurde das Porträt außen angebracht. Der Preußengeneral ist darauf zu sehen und nicht etwa der Sachsenherzog Wittekind, nach dem der Berg noch heißt.

Jürgen Langenkämper

So geht's zum Porträt:

Der Moltketurm liegt auf dem Kamm des Wittekindsberges zwischen dem Kaiser-Wilhelm-Denkmal und der Wittekindsburg. Das Porträt befindet sich in halber Höhe an der Außenwand.

Kollersteine

Die Kraft des Wassers und der Liebe

Dort, wo sich im Kreis Minden-Lübbecke die Mühlsteine drehen, scheint irgendwie die Zeit stillzustehen. So auch in Döhren. Am Rande eines kleinen Wäldchens führt ein krummer Weg entlang, dessen Kopfsteinpflaster an vielen Stellen längst vor den Baumwurzeln kapituliert hat. An seinem Ende finden die, die ihm folgen, die Plaggenmühle, wahrscheinlich 1669 von einer Familie Plagge gebaut. Flügel drehen sich hier nicht im Wind – einige der Geheimnisse des schmucken Fachwerkgebäudes mit dem grün-weißen Giebel liegen auf dessen Rückseite.

Dort staut sich in einem Mühlteich das Wasser der Möllerbeeke, die in der Nähe von Loccum ihren Ursprung hat und hier in Döhren in die Gehle mündet, um bald gemeinsam mit ihr Teil der Weser zu werden. Vorher hilft sie aber, wie vor über 350 Jahren, dem Müller bei seiner Arbeit. Burkhard Ehlerding, dessen Familie seit mehr als 250 Jahren im Besitz der Mühle ist, hat den Schlüssel für das kleine Sperrtor. Wenn er es öffnet, fließt das Wasser über das oberschlächtige Wasserrad mit einem Durchmesser von 3,30 Metern und einer Breite von 1,40 Metern, das sich sogleich knarrend zu drehen beginnt.

Im Inneren läuft dann quietschend und rumpelnd das Mahlwerk mit seinem seltenen Obertriebwerk an. Es stammt von einer anderen Mühle aus der Nähe von Steinfurt und wurde bei der Restaurierung installiert, als man die Überreste des verfallenen Gemäuers wieder auf Vordermann brachte, um es seiner ursprünglichen Bestimmung zurückzugeben. „Die Dorfgemeinschaft hat hier etwa 6.500 Arbeitsstunden in den Wiederaufbau investiert, mit fachmännischer Unterstützung des Mühlenbauhofs", berichtet der Mühlenbesitzer.

Gut lässt sich der Mahlvorgang verfolgen, wie die Säcke nach oben befördert werden, das Korn zwischen die Räder kommt, das Mehl durch Rütteln gesiebt und vom Schrot getrennt wird und schließlich im Sack landet. Das alles funktioniert immer noch genauso. Auch hier-

Burkhard Ehlerding neben den schweren Kollersteinen.

bei treibt das Mühlrad an. Burkhard Ehlerding: „Erstaunlich, auf welche pfiffigen Ideen die einstigen Erbauer kamen, um technische Probleme zu lösen.“

In dieser Mühle wurde nicht nur Getreide zu Mehl vermahlen, verborgen in einem separaten kleinen Gebäude findet sich ein weiteres Beispiel für die Nutzung der Wasserkraft: Ein eigenes Wasserrad treibt die einzige Sägemühle der Westfälischen Mühlenstraße an, bei der der Antrieb des horizontalen Sägegatters auch mit Wasserkraft möglich ist. Sie kann noch immer Baumstämme zu Brettern oder Balken verarbeiten. Die Säge stammt aus der Nähe von Bad Eilsen und ersetzt das größere Exemplar, das einst an dieser Stelle stand.

Doch die Möllerbeeke erledigte hier sogar noch eine dritte Aufgabe: Wer aufmerksam hinsieht, entdeckt – im Inneren der Mühle – zwei weitere Steine, die den kleineren Mühlsteinen zwar ähneln, aber offenbar eine ganz andere Funktion hatten. Burkhard Ehlerding erklärt: „Sie lagen nicht waagerecht übereinander wie die Mahlsteine, sondern wurden, sich aufrecht gegenüberstehend, eng um eine senkrechte Achse auf der Bodenplatte gedreht – gekollert – wie große steinerne Räder.“

Auch diese Kollersteine wurden durch das Wasserrad der Mühle angetrieben. Sie waren Teil der Ölmühle, die 1751 eingebaut wurde. Selbst die Bodenplatte, auf der sie liefen, ist noch erhalten. Gemahlen haben sie ja eigentlich nicht, vielmehr quetschten und pressten sie durch ihr Gewicht Öl aus den Saaten von Raps und Lein oder aus Nüssen.

Das Fachwerkgebäude ist heute auch eine Nebenstelle des Standesamts Petershagen. Sie bietet Brautpaaren einen romantischen Ort für das Ja-Wort und genügend Raum zum Feiern.

Rolf Graff

So geht’s zu den Kollersteinen:

Von der Döhrener Straße aus führt kurz hinter dem Dorfeingang die Straße Tipperberg auf den Weg zur Plaggenmühle.

Wilhelm Gerntrup kennt die Geschichte des Bergbaus in Kleinenbremen.

26

Löcher im Steinbruch

Rohstoff für die Industrielle Revolution

Wer würde vermuten, dass im äußersten Nordosten Westfalens Spuren der Industrialisierung im Ruhrgebiet in der ersten Hälfte des 19. Jahrhunderts zu finden sind? In einer Steilwand am Ende des einstigen Hartingschen Steinbruchs oberhalb des Besucherbergwerks Kleinenbremen kann man heute noch mehrere tiefe Löcher erkennen. Sie sind nicht zufällig an dieser Stelle erhalten. Was haben sie zu bedeuten? Und wer weiß heute noch, dass viele Jahrzehnte später am Hang des Wesergebirges eines der für die Entwicklung der Region bedeutsamsten deutschen Erzbergwerke lag? Der frühere Ortsheimatpfleger Wilhelm Gerntrup kennt die Geschichte des Bergbaus im Ort wie kaum ein Zweiter. Kein Wunder, wurde er doch 1937 als Sohn des Werkstattleiters auf der Schachtanlage geboren – zu jener Zeit, als der Vier-Jahres-Plan der Nationalsozialisten dem Bergwerk zu einer zweiten Blüte verhalf.

„Vor gut 180 Jahren stieß der Kleinenbremer Steinbruch- und Mühlenbesitzer Johann Daniel Harting in seinem Steinbruch zum ersten Mal auf dicke, rote Gesteinsschichten, die vom Eisenerz herrührten", erzählt Wilhelm Gerntrup. Harting gehörten zwei Kalksteinbrüche am Papenbrink und am Steinberg oberhalb des Dorfes, die entstanden waren, als der preußische Staat nach 1816 Minden zu einer Festung mit dicken Mauern ausbaute. Harting betrieb auch eine Wassermühle und einen Kalkofen. „Den gebrannten Kalk brachten die Kleinenbremer mit Pferdefuhrwerken nach Minden."

Anders als Harting, für den die Eisensteine anfangs auf der Suche nach Kalksteinen eher ein Hindernis waren, begeisterte die Aussicht auf erzhaltiges Gestein einen Pionier des Industriezeitalters an der Ruhr. Aus Mülheim reiste 1835 Johann Dinnendahl (1780-1849) an und beantragte umgehend die Bewilligung der Genehmigung für den Abbau sämtlicher Eisensteinvorkommen im Wesergebirge zwischen Kleinenbremen und Hausberge. „Erste Untersuchungen hatten mehrere linsenförmige, mehr oder weniger dicht aneinandergereihte und in den amtlichen Unterlagen als Wohlverwahrt-Eisenstein ausgewiesene Lagerstätten ergeben", berichtet Wilhelm Gerntrup.

Die Löcher im Hartingschen Steinbruch sind Relikte der ersten Periode des Erzbergbaus in Kleinenbremen ab den 1880er-Jahren bis zum Ende des Ersten Weltkriegs.

Der Mechanikus von der Ruhr gründete eine Eisengießerei zur Grille in Minden, wo er 1848 den ersten Abstich erlebte. Doch im Jahr darauf starb Dinnendahl, der in Mülheim an den Anfängen der Friedrich Wilhelms-Hütte gestanden hatte, in Minden im Alter von 69 Jahren. Im Mindener Land hatte er auch Anteile an einem Zementwerk in Lerbeck und an der Kohlenzeche „Preußische Clus" in Meißen besessen. Pläne für eine Eisenhütte in Hausberge konnte er nicht mehr verwirklichen, stattdessen wurde 1857 bis 1860 die Eisenhütte „Porta Westfalica" auf der gegenüberliegenden Weserseite in Barkhausen errichtet.

Während schon früher in und um Hausberge erzhaltiges Toneisengestein zutage gefördert worden war, begann die Erschließung der Wohlverwahrt-Vorkommen Anfang der 1880er-Jahre. „1881 ging man die *Viktoria-Flöz* getaufte Linse oberhalb von Lerbeck an", sagt Wilhelm Gerntrup. „Und zwei Jahre später startete der Abbau im Hartingschen Steinbruch durch eine neu gegründete Gewerkschaft, die den Namen des Flözes trug: *Wohlverwahrt.*" Anfangs geschah dies im Tagebau. „Die Fördermenge von 40 bis 50 Tonnen pro Tag wurde stetig ausgeweitet", weiß der Fachmann, „schon bald ging es tiefer in den Berg." 1885 wurde ein tonnlägiger, also ein schräg in die Tiefe getriebener Schacht angelegt. Auch unter der Straße hindurch wurde ein Stollen vorgetrieben.

Und damit haben die Löcher in der Steilwand zu tun. „Wenn man genau hinsieht, erkennt man, dass sie in eine rötliche Gesteinsschicht hineingeschlagen wurden. Sie stammen noch aus der ersten Abbauperiode und wurden Ende des 19. Jahrhunderts zur Erschließung des Wohlverwahrt-Erzes in die Steinbruchwand von Kalksteinbruchbetreiber Harting geschlagen", erklärt Wilhelm Gerntrup das Geheimnis ihres Ursprungs und weiß sogar mehr. „Die Löcher sind heute die einzigen sichtbaren Zeugnisse aus der Anfangszeit der Grube. Von den damaligen technischen Anlagen ist nur der tonnlägige Schacht übriggeblieben."

„Die Löcher sind heute die einzigen sichtbaren Zeugnisse aus der Anfangszeit der Grube. Von den damaligen technischen Anlagen ist nur der tonnlägige Schacht übriggeblieben."

Der Steinbruchbesitzer Harting überließ den Abbau der „Gewerkschaft Wohlverwahrt", hinter der die mächtige Dortmunder Eisenhüttengesellschaft „Union" stand. Er kümmerte sich nur um den für ihn lukrativen Transport mit Pferdefuhrwerken zum Bahnhof nach Bückeburg. Dabei setzte sich viel roter Staub entlang der Route ab, das sorgte für Ärger in der Residenzstadt. „So kam es, dass 1889 für rund eine Million Mark eine Schmalspurbahn von Kleinenbremen über

Nammen und Lerbeck zum Bahnhof Porta gebaut wurde", sagt Wilhelm Gerntrup. „Rund 30 Jahre später erhielt sie von Nammen aus eine Abzweigung nach Meißen und Minden." 1936 wurde die Strecke komplett auf Normalspur umgebaut.

Während die Förderung in Lerbeck 1902 eingestellt werden musste, ging es in Kleinenbremen trotz zwischenzeitlicher Rückschläge und sogar Massenentlassungen bergauf – und tiefer in den Berg hinunter. „Die Bergleute trafen auf ein qualitativ gutes Erz mit einem Eisenanteil bis zu 38 Prozent", sagt Wilhelm Gerntrup. Das „Wohlverwahrt"-Flöz war bis zu 2,64 Meter mächtig, aber es war relativ klein und auf Kleinenbremen und das benachbarte Wülpke begrenzt. Während des Ersten Weltkriegs erreichte die Förderung 1915 mit 150.000 Tonnen ihren Höhepunkt. Doch nach Kriegsende, als die Verhüttung im französisch besetzten Ruhrgebiet ins Stocken geriet, ging der Erzabbau zurück. „Transportprobleme und Wassereinbrüche behinderten den Abbau", führt Wilhelm Gerntrup weiter aus. Das Wohlverwahrt-Flöz war zudem weitgehend erschöpft. „Als dann im November 1923 der tonnlägige Förderschacht auf einer Länge von etwa 100 Metern einbrach, kam der Wohlverwahrt-Erzabbau gänzlich zum Erliegen." In vier Jahrzehnten waren rund drei Millionen Tonnen aus dem Flöz geholt worden. In den Folgejahren seien nur noch etwa 80 Leute weiterbeschäftigt worden, „um den Stollen wieder befahrbar zu machen, über Tage Gestein für den Straßenbau zu gewinnen und die technischen Anlagen unter Tage zu bergen", so Gerntrup. Die oberirdischen Bauten dieser ersten Periode verschwanden nach und nach.

„Die Bergleute trafen auf ein qualitativ gutes Erz mit einem Eisenanteil bis zu 38 Prozent."

Die zweite Bergbauepoche begann in Kleinenbremen aufgrund der Autarkiebestrebungen der Nationalsozialisten, die 1933 an die Macht kamen. Sie wollten Deutschland von Rohstoffimporten unabhängig machen. Dazu sollte das bereits bekannte, in drei Linsen bei Nammen, Schermbeck und Kleinenbremen/Wülpke unter dem Wohlverwahrt-Flöz liegende sogenannte „Klippenflöz" erschlossen werden. Es war zwar von minderer Qualität und hatte einen geringeren Eisenerzgehalt von lediglich 15 Prozent, aber die Vorräte wurden auf rund 406 Millionen Tonnen geschätzt. Seit den 1930er-Jahren wurde der tonnlägige Schacht tiefer ausgebaut, um an das unterhalb des Wohlverwahrt-Flözes liegende „Klippenflöz“ zu gelangen. Es ist heute Ziel der Gäste des Besucherbergwerks. „Mein Vater als Werkstattleiter musste nach 1934 dafür sorgen, dass die Pumpen rund um die Uhr liefen und der Schacht und die Förderstollen nicht absoffen“, sagt Wilhelm Gerntrup. Darüber hinaus brachte Wilhelm Gerntrup senior Konstruktionspläne für die vor Ort benötigten Spezialmaschinen und technischen Anlagen zu Papier. Er fuhr sogar zu Krupp in Essen, wo diese Anlagen nach seinen Angaben gebaut wurden.

„Mein Vater als Werkstattleiter musste nach 1934 dafür sorgen, dass die Pumpen rund um die Uhr liefen und der Schacht und die Förderstollen nicht absoffen.“

„1938/39 entstand am Mundloch, am Ausgang des Schachtes, die neue, bunkerartige Brech- und Siebanlage“, sagt Wilhelm Gerntrup. Sie steht auch heute noch an der Rintelner Straße. Denn nachdem 1952 unter Tage eine Verbindung nach Nammen hergestellt war, wurde die gesamte Fördermenge nur noch dort zu Tage gebracht – bis zur endgültigen Stilllegung 1960.

„Die Kleinenbremer Wohlverwahrt-Anlagen verwaisten und begannen langsam zu verfallen und vor sich hinzurosten“, bedauert der Sohn des Bergwerksmechanikers den Abschluss dieses Kapitels der Lokalgeschichte, das ihn bis heute nicht losgelassen hat.

Jürgen Langenkämper

So geht’s zu den Löchern im Steinbruch:

Zu sehen sind sie in der Steilwand im ehemaligen Hartingschen Steinbruch neben dem Museum für Bergbau- und Erdgeschichte in Kleinenbremen in der Rintelner Straße 396, die von Minden nach Rinteln führt.

Hans-Martin Polte hat das Grabmal und die Geschichte dazu entdeckt.

27

Schumacher-Grabmal

Bücher für bedürftige Kinder

Manchmal liegen interessante Geschichten nur einen Steinwurf entfernt. Auf der Grünfläche neben der evangelischen Kirche in Hausberge etwa lässt sich unter den neun Grabsteinen, die hier einen neuen Platz gefunden haben, ein ganz besonderer entdecken. Schon die Form ist anders, als man es von einem Grabstein gemeinhin kennt. Dieser hier ist ein viereckiger Block von gut einem Meter Höhe, obendrauf mit einer quadratischen Platte versehen. Er sieht aus wie ein steinerner Tisch, der dazu einlädt, etwas auf ihm abzulegen. Genau das wurde in Hausberge über einen Zeitraum von rund einhundert Jahren jedes

Jahr am 31. Oktober getan. Der Grabstein diente als Spendentisch für Schulbücher – und das hatte mit dem Vermächtnis eines Mannes zu Ehren seiner verstorbenen Frau zu tun.

Hans-Martin Polte, pensionierter Lehrer für Deutsch, Geschichte und Religion, hat den Stein bei einem seiner Rundgänge durch Hausberge entdeckt und ihn sich genauer angesehen. Der recht lange und fein säuberlich in Stein gemeißelte Text auf dem Quader weckte das Interesse des Ortschronisten, der es sich zur Aufgabe gemacht hat, Wichtiges und Erinnernswertes aus Vergangenheit und Gegenwart seiner Wahlheimat zu sammeln und in Büchern und Zeitungsartikeln für die Nachwelt festzuhalten. Und tatsächlich birgt dieser Grabstein eine ganz wundervolle Geschichte.

Er stand nicht immer an diesem Ort, sondern ursprünglich auf dem alten Hausberger Friedhof am Kiekenbrink. In den 1950er-Jahren wurden der Friedhof umgestaltet und die Grabsteine abgebaut. Fast gerieten sie in Vergessenheit, bis sich der ehemalige Schulrektor Adolf Breemeier dafür einsetzte, sie auf dem südlichen Vorplatz der Kirche aufzustellen – auch den, der besonders ins Auge fällt. „Es ist ein Gedächtnisstein für die mit 35 Jahren verstorbene Frau des Gutsbesitzers und Amtsrats Heinrich Ludwig Schumacher vom Gut Wedigenstein. Der Wortlaut der Inschrift klingt wie eine Verfügung", sagt Polte und deutet auf eine der beiden Inschriften. *Laut Stiftungsurkunde werden von der Platte dieses Steins alliährlig am 31. Octbr für zehen Thaler Bücher durch den Ortsvorstand an dürftige Kinder vertheilt*, ist darauf zu lesen. Eine weitere Inschrift auf der Rückseite gibt Aufschluss darüber, wem mit diesem Stein auf so besondere Weise ein Denkmal gesetzt wurde: *Meiner geliebten Gattin Christiane, geb. Dietzel, geb. zu Hausberge am 23. Decbr 1785, gestorben auf Wedigenstein den 31. Octbr 1821. Hier neben unserer lieben Tochter Karoline ruhend. Schumacher.*

Wer war dieser Schumacher? Und was war das für eine Stiftung, von der hier die Rede ist? Das wollte Hans-Martin Polte genauer wissen und begab sich auf Spurensuche. In Büchern und Archiven wurde er fündig. Heinrich Ludwig Schumacher (1779-1856) wurde in Meißen, heute ein Stadtteil von Minden, geboren. Sein Vater Christoph war ein ranghoher preußischer Beamter. Es ist also anzunehmen, dass Schumacher in gut situierten Verhältnissen aufwuchs. 1817 übernahm er das Gut Wedigenstein am Fuße des Wittekindsberges vom preußischen Fiskus in Erbpacht. Über seinen beruflichen Werdegang ist nichts bekannt, aber offenbar war die Landwirtschaft sein Metier. Ab 1828 war er zehn Jahre lang Vorsitzender des „Landwirtschaftlichen Spezialvereins im Weser- und Werrethal".

Ein besonderes Anliegen war ihm „die Abstellung der Noth und des Elends der Armen", wie er in einem Aufsatz formulierte, den er 1831 der Regierung in Minden vorlegte. Wenn heute von Bildung als Schlüssel zu Teilhabe und einem selbstbestimmten Leben die Rede ist, so hatte Schumacher das offensichtlich schon vor 200 Jahren erkannt. Die Stiftung, mit der er seiner früh verstorbenen Frau ein Denkmal setzte, war eine von mehreren Stiftungen und Schenkungen, die er in die Schulbildung von Kindern aus ärmlichen Verhältnissen investierte. So stellte er etwa 1823 ein Grundstück, das er in Lerbeck besaß, für die Bildung eines Armenfonds und die Anlage eines Schulgartens zur Verfügung. Anlässlich seines 50. Geburtstages 1829 vermachte er der Kirchengemeinde Lerbeck, zu der sein Geburtsort Meißen damals gehörte, eine Stiftung von 500 Talern. Die Zinsen aus dem Stiftungskapital sollten für den Ausbau der Schulwege und die Bepflanzung von Wegen und Plätzen in den Dörfern Meißen, Neesen und Lerbeck verwendet werden. Des Weiteren sollte „eine bessere Einrichtung der Schulzimmer bewirkt" und in „die Anschaffung nützlicher Bücher und weiterer zweckmäßiger Lehrmittel" investiert werden.

Mit der Schulbuch-Stiftung anlässlich des Todes seiner Frau nahm alles seinen Anfang. In der auf dem Grabstein erwähnten Stiftungsurkunde bestimmte Schumacher, dass alljährlich „nach Wahl des Ortsvorstandes und des jedesmaligen Schullehrers" Bücher im Wert von zehn Talern gekauft und an bedürftige Kinder des Kirchspiels Hausberge verteilt werden sollten. Als Sicherheit diente sein im Kirchsiek unweit der Hausberger Kirche gelegener Garten von etwa anderthalb Morgen Land. Das Andenken an seine Ehefrau sollte auf „die entferntesten Zeiten fortbestehen" und mit einem „wohltätigen Zweck" vereinigt werden. In der Urkunde legte Schumacher genau fest, wie das auszusehen hatte, nämlich dass die Bücher mit einem schwarzen Einband und der gedruckten Inschrift *Zum Gedächtnis der Christiane Schumacher geborene Dietzel, geboren den 23ten Decbr. 1785, gestorben am 31. Octbr. 1821* versehen alljährlich am 31. Oktober an ihrem Grabstein verteilt werden sollten.

Zum ersten Todestag seiner Frau kaufte Schumacher die Bücher selbst und schickte sie dem bei der Gemeinde für die Stiftung zuständigen Amtmann zwecks Verteilung zu. Um welche Bücher es sich dabei handelte, ist überliefert: fünf Bibeln, sechs Gesangbücher, acht Katechismen und zehn Fibeln. „Die Aufstellung liefert interessante Hinweise auf den Schulunterricht zu damaliger Zeit", findet Hans-Martin Polte. So waren die meisten Bücher in den Anfangsjahren der Stiftung geistliche Werke, die als Lesebücher genutzt wurden. Später, 1910, bestand etwa die Hälfte der gestifteten Bücher aus weltlichen Lesebüchern.

Polte hat herausgefunden, dass die Tradition des Erinnerns an Christiane Schumacher und die Verteilung von Büchern auf dem Hausberger Friedhof etwa einhundert Jahre lang erhalten blieb. „Jedes Jahr am 31. Oktober gingen Schüler und Lehrer der nahegelegenen Volksschule zu der Grabstätte. Nach einer kurzen Gedenkrede, Lied und Gebet wurden Schulbücher, die vorher auf die Platte gelegt wurden, an Schüler verteilt." Vermutlich endete diese Tradition in den Jahren nach dem Ersten Weltkrieg (1914-1918). Aus dem Jahr 1923 heißt es, dass wegen der Inflation nicht einmal mehr ein Schreibheft zu beschaffen sei. Eine Bücherverteilung sei nicht mehr möglich.

Auch das ist nun schon lange her. In Zeiten von weitgehender Lernmittelfreiheit sind die meisten Schüler darauf wohl auch längst nicht mehr angewiesen. Eine schöne Vorstellung ist es aber dennoch, wenn in der heutigen digitalen Welt Bücher an Kinder verteilt würden.

Kerstin Rickert

So geht's zum Schumacher-Grabmal:

Es befindet sich auf dem Vorplatz südlich des Eingangs der Evangelischen Kirche Hausberge.

Der linke Kopf an der Konsole unter den Fenstern im zweiten Obergeschoss ist von Sprengstoff geschwärzt. Dem rechten Kopf fehlen die Stirn- und die Augenpartie samt Nase.

28

Kopfkonsolen

Schwere Stunden für das Finanzamt

In den Außenbezirken Mindens, die in den Jahrzehnten nach der Entfestigung der Stadt ab 1873 entstanden, fällt unter all den vornehmen Villen und komfortablen Bürgerhäusern der Belle Époque in der Heidestraße ein besonders großes und prächtiges, geradezu schlossartiges Gebäude auf. Für die reich gestaltete Fassade und ihre Besonderheiten haben aber wohl nur wenige der Besucher einen Blick, wenn sie das Haus Nr. 10 durch das Hauptportal des Mittelpavillons betreten. Wem fallen schon, mit Steuerunterlagen beladen, jene zwei bärtigen Gesellen auf, deren Häupter als Kopfkonsolen im linken, zur Besselstraße hin gelegenen Seitenrisalit das Gurtgesims des zweiten Obergeschosses stützen? „Der linke Kopf ist geschwärzt, dem rechten fehlen Stirn und Augenpartie", sagt Ursula Koischwitz und weist in die Höhe. „Die Beschädigungen der Fassade rühren offenbar von einem Bombardement während des Zweiten Weltkriegs her“, erläutert die Finanzbeamtin.

Aber nicht in der Heidestraße begann die Geschichte des Finanzamts im Oktober 1919, nachdem Reichsfinanzminister Matthias Erzberger (1875-1921) die Reichsfinanzen reformiert und die Finanzämter ins Leben gerufen hatte. In Minden hatten Finanzbeamte zunächst im Landratsamt – im heutigen Kommunalarchiv in der Tonhallenstraße – gearbeitet und blieben vermutlich ein paar weitere Jahre dort beheimatet. 1925 zogen sie mit Oberregierungsrat Oskar Lisner als Vorsteher in das Dienstgebäude des – militärischen – Bezirkskommandos in der Goebenstraße. Doch schon ab 1927 bekamen sie zusätzliche Räume im kurz zuvor errichteten Behördenhaus in der benachbarten Heidestraße 8.

Finanzbeamtin Ursula Koischwitz zeigt auf die beiden beschädigten Kopfkonsolen an der Nordwestecke der ehemaligen Kaiserlichen Oberpostdirektion, die seit den 1930er-Jahren das Finanzamt beherbergt.

„In den Anfangsjahren arbeiteten in Minden neben dem Vorsteher nur 24 Fachbeamte, aber 21 Hilfsboten und drei Putzfrauen im Finanzamt“, erzählt Ursula Koischwitz, die sich zum 100-jährigen Bestehen des Finanzamtes Minden intensiv mit dessen Geschichte befasst hat. „Das Personal musste wie in anderen Orten ständig aufgestockt werden, um die Aufgaben erledigen zu können.“ Das Finanzamt brauchte neue Büros. Ab Juli 1934 mietete es Räume in der ehemals kaiserlichen Oberpostdirektion in der Heidestraße 10, in der zu diesem Zeitpunkt auch das Hauptzollamt untergebracht war. „1937 kaufte die Finanzverwaltung den gesamten Gebäudekomplex, nachdem die Oberpostdirektion 1936 aufgelöst worden war, für 485.000 Reichsmark“, sagt die Finanzbeamtin.

Über den Kauf entbrannte ein Rechtsstreit mit der Stadt Minden, denn es gab eine Vorgeschichte: Das alte Dienstgebäude der kaiserlichen Oberpostdirektion am Bahnhof war um die Jahrhundertwende zu klein geworden. Um die Behörde in der Stadt zu halten und einer drohenden Abwanderung entgegenzuwirken, stellte die Stadt der Deutschen Reichspost den 6.802 Quadratmeter großen Besselplatz, benannt nach dem in Minden geborenen großen Astronomen und Mathematiker Friedrich Wilhelm Bessel (1784-1846), unentgeltlich als Bauplatz zur Verfügung. Daraufhin beschloss die Reichspost, die Oberpostdirektion in der Stadt zu belassen. „Der Einzugsbereich der OPD Minden lässt sich an den Wappen am Mittelpavillon im zweiten Obergeschoss erkennen", sagt Ursula Koischwitz. In den Blendbögen oberhalb der Fenster in zwei Türmen sind Wappenmosaike für Bückeburg, Herford, Detmold, Paderborn, Bielefeld und Bad Oeynhausen angebracht. Neben dem preußischen Regierungsbezirk Minden war die Oberpostdirektion seinerzeit also auch für die selbstständigen Fürstentümer Lippe und Schaumburg-Lippe zuständig.

„Der Einzugsbereich der OPD Minden lässt sich an den Wappen am Mittelpavillon im zweiten Obergeschoss erkennen."

Schon 1901 wurde das Baugelände umzäunt. Baubeginn war jedoch erst im April 1904 mit Absteckung der Baufluchtlinie. Um diese Zeit hat die Bauabteilung der Deutschen Reichspost in Berlin wohl Baupläne beim Stadtbauamt eingereicht. Als die Genehmigung nicht umgehend vorlag, machte die OPD bei der Stadt Druck, „von der Prüfung der statischen Berechnungen […] abzusehen und die Bauerlaubnis tunlichst bald zu erteilen", wie in den *Bau- und Kunstdenkmälern* aus alten Akten zitiert wird. Erteilt wurde die Baugenehmigung dennoch erst im März 1905. Trotzdem konnte das Gebäude am 1. Oktober 1906 bezogen werden.

Auch wenn es die Berliner Bauplaner mit den Berechnungen nicht ganz so genau nahmen, wie es die Mindener Baupolizei gern gehabt hätte, hatten die Architekten in der Hauptstadt doch Großes vor Augen. Als ein Vorbild des Gebäudes – bei vielen Unterschieden im Detail – erkennen Fachleute das gräfliche Schloss „Ridderzaal" in Den Haag, das bis ins 13. Jahrhundert zurückgeht.

Nach der teilweisen Übernahme von Büros durch Finanzbeamte ab 1934 wurde die Oberpostdirektion 1936 aufgelöst. Auch das alte, von der OPD noch mitgenutzte Gebäude in der Kaiserstraße am Bahnhof verlor seine Funktion, wurde aber noch jahrzehntelang als Postamt genutzt und 2010 schließlich nach längerem Leerstand verkauft.

Um auf den genannten Rechtsstreit zurückzukommen: Als die Reichsfinanzverwaltung 1937 das Gebäude in der Heidestraße 10 kaufte, „war die Stadt Minden, die das Baugrundstück gestellt hatte, damit nicht ganz einverstanden", sagt Ursula Koischwitz. Die Klage auf Erstattung der Grundstückskosten wurde jedoch abgewiesen.

Während des Zweiten Weltkrieges wurde das prachtvolle Hauptgebäude in Mitleidenschaft gezogen und erlitt Luftdruckschäden. „Bei einem Bombenangriff am 6. November 1944 wurden das Dach abgedeckt und Holzfensterrahmen zerstört", sagt die Finanzbeamtin.

Wen die Köpfe darstellen, ob es Fantasiefiguren sind oder die Konterfeis der Architekten oder der ersten Postdirektoren, das bleibt wohl für immer ein Geheimnis. Die beiden beschädigten Kopfkonsolen sind nirgends eigens erwähnt. Aber es ist davon auszugehen, dass beide als kleinere Kollateralschäden eines großen Krieges an jenem Tag geschwärzt und zerschossen wurden.

Jürgen Langenkämper

So geht's zu den Kopfkonsolen:

Die beiden beschädigten Kopfkonsolen sind am Gebäude des Finanzamtes in der Heidestraße 10 an der linken, nördlichen Seite, nahe der Ecke zur Besselstraße, zu finden.

Niedern-Str.

Gaslaternen

Überbleibsel einer leuchtenden Vergangenheit

Es ist eine Gegend, die in den Köpfen der Mindener wenig präsent ist. Laxburg – davon haben manche schon gehört. Aber Niedernstraße, Bertastraße und Obere Straße? „Keine Ahnung, wo das sein soll", ist meist die Antwort auf die entsprechende Frage. Und es zeigt sich tatsächlich: Wer in den engen Gassen im Stadtteil Rechtes Weserufer in der Nähe des Bahnhofs unterwegs ist, der wohnt dort, hat sich verirrt oder ist – wie Sven Panthöfer – auf der Suche. Der Historiker und Journalist hat sich nämlich mit der Geschichte der Beleuchtung in seiner Heimatstadt befasst und stieß bei seinen Recherchen auf interessante Hinweise. In dem Viertel, das in Minden kaum jemand kennt, sollen noch Gaslaternen Licht ins nächtliche Dunkel bringen. Die letzten ihrer Art.

Zugegeben: Das Quartier zwischen Hafenstraße und Friedrich-Wilhelm-Straße macht einen ziemlich heruntergekommenen Eindruck. Aber davon hat sich Sven Panthöfer nicht abhalten lassen. Und er hat sie gefunden: neun Stück. Bei seiner Suche ist er auf noch etwas gestoßen: „Die alten Gaslaternen brennen nicht nur nachts, sondern auch am helllichten Tage." Wieder, muss man allerdings hinzufügen. Denn über viele Jahre standen sie ohne Funktion einfach nur in der Gegend herum. Das Viertel lag im Dunkeln, eine andere Beleuchtung gab es nicht. Warum das so war? Auch das hat der Historiker herausgefunden. „Die Straßen, in denen die Laternen stehen, sind Privateigentum", erklärt er.

So kam es, dass die Stadt sich nicht um die Beleuchtung kümmerte, nicht kümmern musste, als sie nach und nach kaputtging. Eine Umstellung auf elektrisches Licht, wie sie im Rest der Stadt bis 1996 erfolgte, wäre zudem nicht möglich gewesen, da noch keine elektrischen Leitungen in den Straßen des einstigen Vorzeigeviertels lagen. Maurermeister Franz Friedrich Lax (1799-1873) hatte es ab 1848 auf seinem Grundbesitz westlich des gerade fertiggestellten Mindener

Sven Panthöfer hat die letzten neun Gaslaternen in Minden gefunden. Diese hier, eine sogenannte Ansatzleuchte, steht an einer Hausecke in der Niedernstraße.

Bahnhofs in der sogenannten Neustadt auf dem Rechten Weserufer errichtet. Damals galt es als das modernste Wohnviertel der Stadt.

Nach und nach ausgestattet mit fließendem Wasser, Kanalisation und Toiletten für jede Wohnung, setzte Lax in seinem Quartier Maßstäbe, die in den übrigen Stadtgebieten erst ein halbes Jahrhundert später zum Standard wurden. Der von ihm zu diesem Zweck um 1858 errichtete Wasserturm (Obere Straße) gilt als das älteste erhaltene Bauwerk seiner Art in Westfalen. Fortschrittlich war Lax auch hinsichtlich der Anlage von Straßen und Bürgersteigen. „Teile der historischen Pflasterung und Bordsteine aus Sandstein von 1860 stehen heute unter Denkmalschutz", berichtet Sven Panthöfer.

Auch wurde die Neustadt bereits 1858 an das Leitungsnetz der fünf Jahre zuvor gegründeten „Gascompagnie" angeschlossen. Diese unterhielt ein Gaswerk an der Lindenstraße und hatte es sich zur Aufgabe gemacht, die Straßenbeleuchtung in der Stadt voranzutreiben. Hervorgegangen war die „Gascompagnie" aus einer kleinen Gasanstalt, die seit 1825 von der Bürger-Gesellschaft „Ressource" für die Beleuchtung ihrer Gesellschaftsräume am Markt betrieben wurde.

DieAufsatzleuchte ist mit einer Querstange für eine Leiter versehen.

Nach dem Tod von Franz Friedrich Lax 1873 übernahm dessen Adoptivsohn Franz Eduard (1844-1900) die Verwaltung des Lax'schen Haus- und Grundbesitzes in der Neustadt. „1877 erhielt das Quartier Gaslaternen", hat der Historiker herausgefunden. Aus jener Zeit stammten die neun, die erhalten werden konnten, zwar nicht, aber vermutlich aus der Zeit vor dem Zweiten Weltkrieg. Dabei handelt es sich um sieben sogenannte Ansatzleuchten, die an gebogenen Laternenmasten befestigt sind, und zwei Aufsatzleuchten, die auf senkrechte Masten aufgesteckt sind. Eine davon steht vor dem Wasserturm und fällt durch ihre markante Querstange auf. „Daran wurde eine Leiter angelehnt zur Reparatur und Wartung“, erklärt Sven Panthöfer, der durch seine Recherchen fast schon zu einem Fachmann für Straßenlaternen geworden ist.

„Bis 2010 waren die Gaslaternen in einem jämmerlichen Zustand. Es sollen sogar Vögel darin genistet haben“, erzählt er. „Auf Initiative von Rüdiger Döhring aus Porta Westfalica setzte sie der Gasleuchtenexperte Andreas Meßollen aus Düsseldorf dann instand. Unterstützt wurden die beiden von den Städtischen Betrieben Minden und dem Gasversorger Eon“, berichtet der Historiker und Geschäftsführer des Mindener Geschichtsvereins weiter.

„Zur Hochzeit 1968 gab es 1642 Exemplare, aber die wurden im Zuge der Elektrifizierung bis 1995 abgebaut – bis auf diese neun.“

Und so leuchten sie nun wieder – die letzten Gaslaternen in Minden. „Zur Hochzeit 1968“, sagt Panthöfer, „gab es 1642 Exemplare, aber die wurden im Zuge der Elektrifizierung bis 1995 abgebaut – bis auf diese neun.“

Warum sie verschont blieben, weiß der Historiker übrigens auch: „Nachdem auch der Sohn von Franz Friedrich Lax verstorben war, verkauften die Erben ab 1906 die Häuser und Grundstücke. Dabei wurden auch die privaten Straßenflächen aufgeteilt.“ Manchmal haben komplizierte Eigentumsverhältnisse eben auch etwas Gutes. Die Laternen jedenfalls retteten sie ins 21. Jahrhundert.

Kerstin Rickert

So geht’s zu den Gaslaternen:

Die neun Gaslaternen stehen im Stadtteil Rechtes Weserufer im Quartier Laxburg, das von der gleichnamigen Straße, Bertastraße, Obere Straße und Niedernstraße gebildet wird.

Ortsheimatpfleger Rolf Tiemann stellt fest, dass die Fahrbahn der Brücke mehr als 30 cm oberhalb der Straße liegt.

30

Moorbrücken

Warum so viele?

Gleich zehn Brücken auf einem Straßenabschnitt von etwa einem Kilometer – das gibt es wohl nur einmal im Kreis Minden-Lübbecke, nämlich am Südhemmer Weg. Eine geht über den Mittellandkanal, eine andere über die Bastau und dazwischen liegen, oft keine 50 Meter voneinander entfernt, acht Brücken, die über einen breiten Graben führen.

Zwei der kleinen Brücken sehen stabil und gepflegt aus. Sie gehören zu öffentlichen Wegen. Die anderen führen alle direkt auf die Moorgrundstücke. Man könnte an einen Schildbürgerstreich glauben! Wer genau hinsieht, stellt zudem fest, dass kein Fahrzeug darüberfahren kann, da sich die Brückenoberflächen 30 bis 40 Zentimeter über der Straßenhöhe und zudem in schlechtem Zustand befinden. Einige liegen nur noch auf den tief in den moorigen Boden eingelassenen Stützpfeilern auf und schweben ohne Kontakt oberhalb der Straße.

Rolf Tiemann, Ortsheimatpfleger von Südhemmern, kennt die Geschichte der Brücken und weiß, warum es hier so absurd viele davon gibt. Bei dem Graben, über den sie führen, handelt es sich tatsächlich um einen Bach, den Landerbach. Bis zur Erweiterung des Mittellandkanals in den Siebzigern gab es zwei Düker, durch die das Oberflächenabwasser unter dem Kanal hindurch auf die andere Seite geleitet wurde. Einer davon fiel aus Kostengründen weg. Man leitete das Wasser jetzt zu dem verbliebenen Düker, durch den auch der Landerbach floss. Deshalb wurde dieser erweitert, da er nun neben dem eigenen Nass wesentlich mehr Wasser Richtung Bastau führen musste.

Nachdem bereits vor 1970 der Torfabbau in den Moorwiesen entlang der Bastau eingestellt wurde, begannen die Bauern, sie als Weiden und Anbauflächen landwirtschaftlich zu nutzen. Damit sie ihre Parzellen weiterhin erreichen konnten, wurde für jeden Besitzer eine dieser Plattenbrücken gebaut. Rolf Tiemann stellt fest: „Der Bau wurde den Flächenbesitzern kostenfrei angeboten und deshalb sagte niemand Nein, unabhängig davon, ob er wirklich eine Brücke brauchte."

Als sich später die Bearbeitung der kleinen Flächeneinheiten immer weniger lohnte, legte man sie durch Pacht zusammen, die Zufahrten wurden nun kaum oder gar nicht mehr gebraucht. Die Brücken, die offiziell als private „Hofeinfahrten" gelten, verfallen seitdem ungebraucht. Der Untergrund des Moores trocknete aufgrund ungünstiger Bepflanzung fortschreitend aus. Dadurch sackte seit dem Bau der Brücken vor 50 Jahren die Oberfläche mitsamt der Straße um etwa 30 bis 40 Zentimeter ab, während die Brücken dank ihrer festen Fundamente auf der alten Höhe blieben. Das erklärt den seltsamen Höhenunterschied.

Rolf Graff

So geht's zu den Moorbrücken:

Sie liegen am Südhemmer Weg zwischen der Kanalbrücke in Südhemmern und der Bastaubrücke.

Siegfried Winkler weiß, was in diesen Stein gehauen wurde.

31

Verwitterte Inschrift

Ein dunkles Kapitel in der Stadtgeschichte

Nur wenige Menschen sind unterwegs an diesem Ort, der unauffällig am Rande eines Wohn- und Gewerbegebietes in Minderheide, einem Stadtteil von Minden, liegt. Durch ein kleines Tor führt der Weg zu einer gepflegten Grünanlage, die gesäumt ist von Büschen, Sträuchern und Bäumen. Auf einer Wiese stehen vereinzelt Kreuze, und zwischen Laub- und Nadelbäumen ragen Denkmäler aus dem Boden hervor. Im hinteren Teil des kleinen Parks fällt ein besonders großes ins Auge. Auf der Rückseite befindet sich eine Inschrift, die kaum noch lesbar ist. Siegfried Winkler hat sie nicht nur entziffert, sondern der Ortsheimatpfleger kennt auch die Geschichte dazu – und die des Ortes, an dem das Denkmal mit der verwitterten Inschrift steht.

Einen ersten Hinweis liefert die Vorderseite des imposanten steinernen Gebildes, das aus einem halbrunden, kunstvoll gearbeiteten

Fundament und einem Obelisken besteht, der mit halbreliefartigen militärischen Gegenständen ausstaffiert ist. Ein Helm mit Spitze, eine sogenannte Pickelhaube, ist zu erkennen – Symbol des preußischen Militarismus. Auf dem Sockel darunter prangt in großen Lettern: *A NOS CAMARADES 1914-1918*. Das Denkmal ist also Soldaten des Ersten Weltkriegs gewidmet? Aber warum ist die Schrift auf Französisch? Die Franzosen waren doch Kriegsgegner der Deutschen? „Richtig", sagt Siegfried Winkler, „und damit hat das Denkmal auch zu tun." Was der Ortsheimatpfleger meint, erklärt er anhand der Inschrift auf der Rückseite. Man muss schon genau hinsehen, um überhaupt etwas lesen zu können, aber Siegfried Winkler hat sich die Mühe gemacht und Buchstabe für Buchstabe entschlüsselt. *CE MONUMENT A ETE ELEVE A LA MEMOIRE DES PRISONNIERS DE GUERRE PAR LEURS CAMARADES ANGLAIS BELGES FRANCAIS & RUSSES AVEC APROBATION LAUTORITE ALLEMANDE NOV 1915*, steht dort geschrieben, wie der Mindener herausgefunden hat. Dieses Denkmal wurde also zum Gedenken an Kriegsgefangene von ihren englischen, belgischen, französischen und russischen Kameraden mit Genehmigung der deutschen Obrigkeit im November 1915 errichtet.

„Kurz nach Beginn des Ersten Weltkriegs wurde hier ein Kriegsgefangenenlager eingerichtet", sagt der Ortsheimatpfleger, der sich intensiv mit den Hintergründen und Auswirkungen des „Lagers Minden" befasst hat. Seit Kriegsbeginn war Deutschland auf dem Vormarsch Richtung Westen. Es war bestrebt, das neutrale Belgien zu durchqueren und Paris einzunehmen. Man rechnete mit einem schnellen Sieg über Frankreich und einem raschen Ende des Krieges und traf daher auch nur grobe Vorbereitungen zur Aufnahme von Kriegsgefangenen. Zunächst sah es auch danach aus, als ob der Plan der Deutschen aufgehen würde. Ende August 1914 erreichten die deutschen Truppen die französische Festung Maubeuge hinter der belgischen Grenze und begannen mit deren Belagerung. Nach zwei Wochen kam es zur Kapitulation auf französischer Seite – und die Deutschen kehrten mit 45.000 Kriegsgefangenen zurück.

„Kurz nach Beginn des Ersten Weltkriegs wurde hier ein Kriegsgefangenenlager eingerichtet."

Bereits am 15. September 1914 trafen 5.000 Gefangene – Franzosen und Engländer – in Minden ein. Unter Bewachung deutscher Soldaten marschierten sie durch die Stadt auf die außerhalb gelegene Mindener Heide, eine Fläche, die bereits seit gut 150 Jahren militärisch genutzt wurde. Das Gelände eignete sich in den Augen der preußischen Militärführung wegen seiner freien und übersichtlichen Lage als Kriegsgefangenenlager. Zu Beginn des Kriegs zäunte man es eiligst mit einem hohen Stacheldrahtzaun und Brettern ein. „Aber auf solche Massen, die hier ankamen, war man nicht vorbereitet", berichtet Siegfried Winkler. Unterkünfte gab es nicht. „Die Gefangenen mussten sich selber Erdlöcher graben. Sie hausten wie Wühlmäuse bis in den Winter 1914 hinein", schildert er die anfänglichen Bedingungen in dem Lager. Erst ab Dezember entstanden nach und nach einfache Baracken als Quartiere, doch damit verbesserte sich die Situation für die immer größer werdende Zahl der Inhaftierten nur scheinbar.

Das Denkmal haben Kriegsgefangene im November 1915 für ihre verstorbenen Kameraden aufgestellt.

Rund 25.000 Menschen – und damit in etwa so viele, wie die Stadt damals Einwohner zählte – waren während des Krieges in dem Lager eingepfercht, das erst 1921 aufgelöst wurde. Soldaten aus aller Herren Länder, darunter Russen und Armenier, Marokkaner, Senegalesen, Inder, Schotten, Serben, Kroaten und Italiener, lebten hier unter menschenunwürdigen Bedingungen hinter dem Stacheldrahtzaun. „Bewacht wurden sie von 2.000 deutschen Soldaten", berichtet Siegfried Winkler. Weniger als 2,5 Quadratmeter pro Kopf standen den Männern zur Verfügung. Die sanitären Verhältnisse und die Ernährung waren katastrophal und die Arbeiten, die sie zu verrichten hatten, schwer. Die Folge waren Krankheiten, die beinahe täglich zum Tod eines Gefangenen führten. Mehr als 700 Männer starben. Sie wurden begraben auf dem Lagerfriedhof, der noch heute existiert und als Franzosenfriedhof bezeichnet wird. „Das Leben der Gefangenen war hart. Viele wurden ausgeliehen und arbeiteten in der Landwirtschaft und in Handwerksbetrieben. So ist auch die künstlerische Gestaltung der Denkmäler zu erklären", erzählt der Ortsheimatpfleger. „Frankreich hat später all seine Toten nach Hause geholt. Das gehörte zur nationalen Ehre." Geblieben sind das Franzosendenkmal mit der verwitterten Inschrift, ein paar anonyme Kreuze und Gedenksteine mit den Namen von Armeniern, Serben und Italienern, die im Lager Minden ihr Leben ließen.

„Das Leben der Gefangenen war hart. Viele wurden ausgeliehen und arbeiteten in der Landwirtschaft und in Handwerksbetrieben. So ist auch die künstlerische Gestaltung der Denkmäler zu erklären."

Kerstin Rickert

So geht's zur verwitterten Inschrift:

Sie befindet sich auf der Rückseite des größten Denkmals auf dem sogenannten Franzosenfriedhof, der in der Straße „An der Spandau" in Minderheide liegt. Ein Weg führt vom Eingang des Friedhofs dort hin.

INRI

Holle-Epitaph

Barbusige Tugendfiguren

Im Chor der St. Marienkirche hängt ein prächtiges Epitaph von gewaltigen Ausmaßen, oben besetzt mit drei Nornen, Tugendfiguren, die ein Geheimnis hüten. 6,25 Meter hoch und 3,70 Meter breit lässt das Bildnis jeden, der darunter steht, klein erscheinen – auch Pastor Frieder Küppers. Aber das ist nicht der Hauptgrund, warum der Gemeindepfarrer Schwierigkeiten hat, sich mit dem Grabdenkmal für die Adelsfamilie von Holle anzufreunden: Er weiß auch, womit das Familienoberhaupt sein Geld verdient hat. „Georg von Holle war im 16. Jahrhundert ein bekannter Söldnerführer", sagt Küppers. Der Spross einer im Weserraum ansässigen Familie war keineswegs zimperlich und auch nicht wählerisch. Mit den von ihm angeworbenen Truppen diente er vielen Herren und meist „dem, der seine Truppen am besten bezahlte, im allgemeinen ohne Rücksicht auf die Konfession seines Auftraggebers", wie Wilhelm Rautenberg 1953 in einer biografischen Notiz feststellte.

1514 in Hausberge geboren, wo sein Vater Landdrost des Mindener Bischofs war, trat Georg zuerst 1542 im Gefolge des lutherischen Kurfürsten Friedrich des Weisen von Sachsen (1463-1525) in Erscheinung. Kurz darauf kämpfte er gegen den Bremer Erzbischof Christoph von Braunschweig-Lüneburg (1487-1558), um zwei Jahre später, 1545, in dessen Auftrag und unter dem Oberbefehl des Obristen Christoph von Wrisberg (1511-1580) in das Land Hadeln zwischen Weser und Elbe einzufallen. Im Schmalkaldischen Krieg 1546/47 kämpfte von Holle für Kaiser Karl V. (1500-1558) und war Kaiserlicher Kommandant von Frankfurt am Main.

„Georg von Holle war ein Haudegen, heute würde man sagen, ein Warlord", charakterisiert ihn Frieder Küppers. Dabei lief es nicht immer gut für den Obristen: 1553 verlor er in flämischen Diensten beim Sturm auf Thérouanne ein Auge. Mit seinem Vetter Hilmar von

Pfarrer Frieder Küppers sieht den Söldnerführer Georg von Holle in einem kritischen Licht.

Münchhausen (1512-1573) focht und plünderte er an vielen Orten für den Kaiser und den spanischen König Philipp II. (1527-1598).

Heimgekehrt, war von Holle über den Abfall der Niederlande von Spanien informiert und sollte Truppen anwerben. Doch angesichts der unerfüllten Soldforderungen an Dänemark hielt er sich auch später gegenüber Werbungsversuchen der Gegenseite unter Herzog Alba zurück. „Das Geld, das dieser ‚Spekulant in Soldaten'", wie Wilhelm Rautenberg schrieb, „als Wirtschaftsunternehmer verdiente, verwendeten er und seine Erben zu Gutserwerbungen und wehrhaften Bauten." Das trifft auf Haus Himmelreich zu, das Georg von Holle erbauen ließ. Das Wasserschloss in Friedewalde verfiel jedoch später und wurde im 19. Jahrhundert abgetragen.

So ist von dem Landsknechtsführer nur das Epitaph erhalten, das seine Erben nach seinem Tod 1576 in Auftrag gaben. Darauf kniet der Kriegsherr links mit seiner Frau Gertrud von Horne (1516-1575) und ihren Kindern in der Mitte, einem Sohn in Rüstung und drei Töchtern, vor Jesus am Kreuz – unter drei Tugendfiguren. Doch die sind in Wahrheit gar nicht so tugendhaft bekleidet, wie sie von unten erscheinen. „Von oben betrachtet, sind sie in Wirklichkeit ziemlich barbusig", verrät der Gemeindepfarrer das Geheimnis, das erst bei einer Restaurierung vor ein paar Jahren auffiel. Von unten ist davon nichts zu erahnen. „Unbewusst haben Vater und Sohn Eckbert Wulff, denen das Epitaph zugeschrieben wird, mit dieser ‚optischen Täuschung' die Doppel- oder Mehrfachmoral des Ritters dargestellt", meint Frieder Küppers, der den Haudegen sehr kritisch sieht. „Es waren nicht die Werke der Barmherzigkeit, die dem Georg von Holle diesen Stammplatz im Allerheiligsten von St. Marien reserviert haben."

Jürgen Langenkämper

So geht's zum Holle-Epitaph:

Das Holle-Epitaph ist im Chorraum der St. Marienkirche am Marienkirchplatz zu finden.

Die Vorsitzende Rosi Ullrich ist froh, dass der Heimatverein Holzhausen II die in dieser Form in NRW einzigartige Dorfschmiede erhalten konnte.

33

Dorfschmiede

Ein landesweit einmaliges Objekt

Zwischen größeren Anwesen verschwindet hinter einer Bushaltestelle an der Minderheider Straße in Holzhausen II fast ein kleines Haus, das eigentlich große Aufmerksamkeit verdiente, weil es für die Dorfbevölkerung bis vor 100 Jahren erhebliche Bedeutung hatte. Von außen ist ihm seine einstige Funktion kaum anzusehen. „Das ist unsere Dorfschmiede", sagt Rosi Ullrich, Vorsitzende des Heimatvereins, stolz. „Weil es sich um ein einmaliges Objekt in Nordrhein-Westfalen handelt, wurde die Schmiede 1989 unter Schutz gestellt und in die Denkmalliste der Gemeinde Hille aufgenommen."

Die Schmiede mit ausgemauertem Holzständerwerk stammt aus der Zeit vor dem Siebenjährigen Krieg (1756-1763). „Erbaut wurde sie 1747 von der Familie Busse, genannt Büntmaas“, sagt Rosi Ullrich. 70 Jahre jünger ist ein zweites Gebäude auf dem Grundstück, das der Heimatverein restauriert hat. „Das ist eine Durchfahrscheune, erbaut 1815.“ Die Erntewagen konnten auf der einen Seite hineinfahren und durch ein Tor auf der anderen Seite wieder hinaus, nachdem sie entladen waren – eine praktische Angelegenheit (siehe Geheimnis 12).

Die Schmiede aber war, wie in anderen ländlich geprägten Orten auch, von zentraler Bedeutung für die Bevölkerung des Dorfes – so wie die Kirche, Mühlen und Gasthäuser. Zum Schmied kamen die Bauern, wenn Gerätschaften repariert oder neu angefertigt werden mussten und wenn die Pferde neue Hufeisen brauchten. Der Schmied war ein wichtiger Mann, und oft gingen während der Industriellen Revolution im 19. Jahrhundert aus Dorfschmieden kluge Köpfe mit technischem Verstand, Erfinder und Firmengründer hervor.

In der Dorfschmiede ist noch das gesamte Werkzeug erhalten.

Die Schmieden deckten den Bedarf an Metallprodukten im näheren Umkreis. Allein an der Straße nach Minden waren mehrere zu finden, so die Langenkämpersche Schmiede nahe der Kreuzung mit der Stemmer Landstraße, deren Gebäude auch heute noch erhalten ist, aber privat genutzt wird, und weitere an der Stiftsallee.

„Bis zum Ersten Weltkrieg diente die Dorfschmiede als wirtschaftliche Grundlage der Familie Busse“, sagt Rosi Ullrich. „Dann änderten sich die Zeiten, und die Gebäude wurden kaum beachtet und gerieten in Vergessenheit.“

Seit 70 Jahren war das Schmiedefeuer bereits erloschen, als der damalige Gemeindeheimatpfleger Gerhard Finke die Initiative zur Unterschutzstellung ergriff. Der große Vorteil: „Die Einrichtung der Schmiede war in großen Teilen erhalten: ein gemauerter Herd, ein Blasebalg mit Aufhängung, Werkbänke und zahlreiches Werkzeug", listet Rosi Ullrich auf und holt ein altes Hufeisen, eine Zange und einen klobigen Schmiedehammer hervor.

1989 gründeten Holzhauser Bürger den Heimatverein und machten sich an die Restaurierung der alten Schmiede und der Scheune. 6.500 Arbeitsstunden leisteten die Helfer ehrenamtlich, bevor sie die Schmiede 1994 mit einem Festakt einweihen konnten. In der Scheune richtete der Verein eine öffentliche Begegnungsstätte mit integriertem Museum für dörfliches Alltagsleben und Handwerk ein.

2010 kaufte der Heimatverein auch das Nachbargrundstück, auf dem die Ruine des 1997 abgebrannten Wohnhauses der Handwerkerfamilie stand. Es konnte nur noch abgerissen werden, die Freifläche dient seither als Dorfgarten.

Wie es einst in einer Schmiede zuging, können Besucher zweimal im Jahr erleben, wenn der Heimatverein zum Tag der offenen Tür einlädt. „Der Schmied Heinz von Behren zeigt dann die alte Kunst des Schmiedens", sagt Rosi Ullrich. Und immer wieder wird auch anderes ländliches Handwerk wie das Reepschlagen, die Herstellung von Seilen, vorgeführt.

Jürgen Langenkämper

So geht's zur Dorfschmiede:

Die Dorfschmiede ist in Holzhausen II noch vor Erreichen des Dorfkerns in der Minderheider Straße 39 zu finden. Die Zufahrt zum Parkplatz erfolgt kurz vorher an der Abzweigung nach Friedewalde über die Holzhauser Straße. Die Dorfschmiede ist gut auf einer Fahrradtour zu erreichen.

Kirchturm

Erst der zweite Versuch gelang

Kirchen stehen meist mitten im Dorf. Nicht so in Oberlübbe, wo das Gotteshaus unten am Dorfausgang Richtung Unterlübbe zu finden ist. Der ungewöhnliche Standort der Kirche ist aber nicht das Thema dieser Geschichte. Die ganz einfache Erklärung: Das Gotteshaus steht, wo es steht, da der Pfarrbezirk I Ober- und Unterlübbe vereint. Und das Geheimnis dieser Kirche? Das liegt im Verborgenen, und nur wenige wissen noch darüber Bescheid. Und es ist denkbar tragisch. Um es herauszufinden, muss man sich tiefer mit ihrer Geschichte beschäftigen. Dann wird deutlich: Der Turm der Kirche, von der der Kunsthistoriker und Ortsheimatpfleger Dr. Volker Tiemann sagt, sie biete „das wohlgefällige Bild einer historischen Kirche", ist nicht so hoch wie ursprünglich geplant. Hinzu kommt: „Entgegen dem Eindruck ist sie nicht alt, sondern verhältnismäßig jung. Sie wurde zwischen 1911 und 1912 errichtet."

Doch warum wurde die Kirche überhaupt gebaut? Waren doch, so lange sie sich erinnern konnten, die Oberlübber und Unterlübber zum Gottesdienst nach Bergkirchen gegangen. War es wirklich die Abneigung mancher Kirchgänger, diesen Weg Woche für Woche auf sich zu nehmen, wie manche behaupteten, oder schlicht und einfach die Neuordnung der Kirchenbezirke, die im Jahr 1909 die dortige Kirchengemeinde veranlasste, den Bau einer Kirche im Mittelpunkt des neuen Bezirks Oberlübbe-Unterlübbe zu beschließen?

Wie immer es gewesen sein mag, den Auftrag bekam der in Bielefeld lebende Tiroler Architekt Joseph Campani (1856-1931). Er hatte schon als Benediktiner unter dem Namen Pater Pirmin Kirchen und Klöster gebaut. Nachdem er 1900 zum evangelischen Glauben konvertiert war und 1902 geheiratet hatte, begann er, evangelische Kirchen zu planen und deren Bau zu leiten. Für Oberlübbe entwarf er ein Gebäude aus heimischem Sandstein im neoromanischen Stil.

Schon vor der Einweihung der Kirche gab es ein Unglück.

Dr. Volker Tiemann berichtet: „Die Oberlübber Kirche ist die letzte evangelische Kirche im Kreisgebiet, die kurz vor Ausbruch des Ersten Weltkriegs erschaffen wurde.“ Er ordnet sie als neoromanische Kirche dem späten Historismus zu. Stilistisch sollte ein Gleichklang mit den bestehenden kirchlichen Bauten der Region hergestellt werden. Preußen legte die Regeln für den Kirchenbau fest. Für Oberlübbe waren das die Leitsätze von 1908. Tiemann stellt fest: „Selbst in Details folgte man dem Eisenacher Programm.“

Der Grundstein wurde am 17. April 1911 gelegt. Aber schon vier Monate später geschah das große Unglück, von dem heute kaum noch jemand etwas ahnt: Am frühen Abend des 22. August stürzte der Kirchturm, der schon bis zum Fuß des Glockengeschosses – etwa die Höhe der heutigen Uhr – aufgebaut war, noch in der Bauphase ein. Dem Architekten Joseph Campani gab die Bauaufsicht keine Schuld. Bedenkt man, dass der Baumeister nur mäßige Mittel zur Verfügung hatte – der Kostenantrag lautete auf 65.000 Mark – und dass nur ungeschulte Arbeiter aus der Gemeinde den Bau ausführten, wurde vielleicht an der falschen Stelle gespart. Dass keine Menschen zu Schaden kamen, erkannten die Oberlübber als Gottes Gnade.

Am 12. Oktober 1963 recherchierte das *Mindener Tageblatt* unter den letzten Augenzeugen. Sie berichteten, die Maurer hätten die Baustelle erst Minuten vor dem Unglück verlassen. Auch ein paar Zigarrenarbeiter, die, zufällig vorbeigekommen, sich den Rohbau angesehen hatten, waren gerade wieder draußen. Diese sagten später aus, sie hätten ein eigenartiges Knistern und Knacken im Turm vernommen.

Im Dorf war jedermann in Aufregung. Über die Ursache des Einsturzes gingen mannigfache Gerüchte um. Die einen meinten, der Turmdurchmesser sei zu klein, andere fanden die Mauern zu dünn und mit nicht genug Eisen versehen. Wieder andere waren überzeugt, der Mörtel sei zu schlecht gewesen und man hätte mit Zement gespart. Etwas gänzlich anderes ergab dann das Untersuchungsergebnis der Bauaufsicht: Infolge der großen Hitze des Sommers 1911 hatte der Mörtel zu schnell abgebunden, und so habe das Mauerwerk nicht die Festigkeit erhalten, wie es bei langsamem Abbinden gewährleistet gewesen wäre. Der Schaden wurde durch eine Beihilfe des Oberkirchenrates von 2.500 Mark weitgehend gedeckt.

Am 23. Januar 1913 schrieb das *Mindener Tageblatt* zur Einweihung: „Die Grundrissbildung unterscheidet sich von der früher allgemein länglichen Form, da sich der Architekt die Aufgabe gestellt hatte, eine Predigtkirche von großer Übersichtlichkeit und guter Akustik zu schaffen, die ein leichtes Sprechen des Predigers und ein gutes Hören seitens der Andächtigen ermöglicht." Der Schreiber attestiert dem Neubau wuchtiges und zugleich zierliches und freundliches Aussehen sowie Harmonie der Formen und festliche Schönheit im Inneren. Innovativ war ein durch Rollläden vom Gottesdienstraum abtrennbarer Konfirmandensaal, der auch unabhängig beheizt werden konnte. Mit ihm kam die Kirche auf 888 Sitzplätze für Erwachsene und bei Familien mit Kindern auf etwa 1.000.

1963, 50 Jahre nach der Kirchweihe, erinnerten sich alte Gemeindeglieder: Diejenigen Oberlübber, die vorher gegen die Bequemlichkeit ihrer Nachbarn gewettert und gefordert hatten, sie sollten wie bisher nach Bergkirchen zur Kirche gehen, sahen den Einsturz als Strafe Gottes und bekamen neue Anhänger. Mehrere von ihnen sollen sich auch später geweigert haben, an der Kirche vorbeizugehen oder sie zu betreten. Lieber nahmen sie wie bisher weiterhin den langen Weg auf sich. Andere, die sich bei einer Kartenlegerin erkundigt hatten, verbreiteten die Schreckensnachricht, dass bei der Einweihung ein weiteres Unglück geschehen solle. Sie hatten unrecht.

Die Kirche steht seither fest an ihrem Platz, und ein Unglück hat sich nicht wieder ereignet. Aber der Turm, der wurde vorsichtshalber niedriger wiederaufgebaut. Sicher ist sicher.

Rolf Graff

So geht's zum Kirchturm:

In Unterlübbe geht es von der B 65 in die Ellernstraße Richtung Oberlübbe. Am Ortseingang steht die Kirche an der Ecke Korfskamp.

Der 22 Meter hohe Schornstein gehört zur Alten Brennerei in Hille. Fast wäre er abgerissen worden.

35

Schornstein

Vom Korn zum Korn

Er ist hoch. So hoch, dass Störche auf ihm nisten. 22 Meter hoch, um genau zu sein. Und er ist viereckig – ungewöhnlich für einen Schornstein von dieser Größe. Ohne ihn wäre die Ortschaft Hille in der gleichnamigen Gemeinde nicht das, was sie heute ist. Der Schornstein ist Teil der Alten Brennerei. „Damit ist Hille groß geworden", sagt Reinhard Brunschütte, der die Geschichte der Brennerei bestens kennt und zu denen gehört, die sich in den 1990er-Jahren vehement für deren Erhalt als Industriedenkmal einsetzten.

Die Geschichte der ehemaligen landwirtschaftlichen Kornbrennerei geht bis in die Anfänge des 18. Jahrhunderts zurück. Der Getreideanbau florierte zu jener Zeit, die Hiller Bauern konnten mehr ernten, als sie für den Eigenbedarf benötigten. 1721 gründete die Familie Meyer mitten im Dorf ihren ersten Betrieb zur Gewinnung von Alkohol aus Getreide und Verarbeitung zu Kornbrand. Damit schlug die Gründerfamilie zwei Fliegen mit einer Klappe. Neben der Landwirtschaft betrieb sie nämlich in dem Haus Nummer 205 eine Gast- und Schankwirtschaft: den Meyerschen Krug. Die Brennerei war für die Bauern eine wunderbare Nebenerwerbsquelle. Gleichzeitig konnten sie dadurch die Bodenqualität ihrer Felder weiter verbessern. Denn beim Brennen fiel die sogenannte Schlempe als Abfallprodukt an, die ans Vieh verfüttert wurde. Der Mist wiederum, das Abfallprodukt aus der Viehhaltung also, diente als nährstoffreicher Dünger. Wegen dieses Kreislaufes wurde der Betrieb als landwirtschaftliche Brennerei bezeichnet.

Viel ist aus ihrer Anfangszeit nicht überliefert. „Aber die Brennerei war immer am selben Standort und wuchs", erzählt Brunschütte. „Zwischen 1893 und 1895 ließ Christian Ludwig Meyer ein neues Brennereigebäude errichten." Jenes Gebäude, das der Heimat- und Gartenbauverein Hille, dessen Mitglied Reinhard Brunschütte ist, einhundert Jahre später rettete. Beinahe wäre es abgerissen worden.

1991 wurde dort zum letzten Mal Alkohol gebrannt. „Wir vom Heimat- und Gartenbauverein haben uns damals dafür eingesetzt, das Gebäude zu erhalten, und das Denkmalamt eingeschaltet." Das kam zu dem Ergebnis, dass die Brennerei bedeutend für die Geschichte der Gemeinde Hille ist. Alte Unterlagen belegen die enorme Ausdehnung des Betriebes Ende des 19. Jahrhunderts. Ein Teil des heutigen Ortskerns gehörte damals dazu. Es war die Zeit des wirtschaftlichen Aufschwungs für die Brennerei, des ersten Hiller Gewerbebetriebes. Christian Ludwig Meyer (1860-1918) stattete den in den 1890er-Jahren errichteten Neubau mit neuester Technik aus, die zum Großteil noch heute existiert – und funktioniert. Besonders stolz ist Brunschütte auf die alte Dampfmaschine von 1895. Zahlreiche Urkunden und Auszeichnungen aus den Jahren 1897 bis 1916 zeugen vom Erfolg der Firma „Chr. Meyer, Kornbranntwein-Brennerei, Hille in Westfalen" in jener Zeit. 115 Hektar umfasste der Betrieb in seiner Blütezeit. „Bis zu 25 Dorfbewohner waren regelmäßig beschäftigt", berichtet Reinhard Brunschütte, der mit der Brennerei auch persönliche Erinnerungen verbindet. „Meine Eltern haben dort unser tägliches Brot verdient."

Im Sommer herrschte Hochbetrieb auf den Feldern. Die Ernte – Roggen und Weizen – lagerte in Säcken auf dem Getreideboden im obersten Stockwerk des Brennereigebäudes. Unter Ausnutzung der Schwerkraft durchlief das Getreide von dort bis in den Keller einen technisch aufwendigen und ausgeklügelten Produktionsprozess. Aus festem Korn entstand flüssiger Korn. Das geschah in der kalten Jahreszeit zwischen Oktober und April. Täglich 20 Zentner Getreide verarbeitete die Brennerei. In Handarbeit füllten die Arbeiter die Erzeugnisse in Flaschen ab und sie belieferten mit Pferdefuhrwerken vornehmlich Gastwirte in der Umgebung. Zu Beginn des 20. Jahrhunderts erhielt Hille Anschluss an die Eisenbahn und durch den Bau des Mittellandkanals an das Wasserstraßennetz. Von nun an konnten auch Abnehmer außerhalb der Region versorgt werden. In Städten wie Hamburg, Bremen, Hannover und Magdeburg gab es Schnaps aus Hille. In Berlin eröffnete Meyers „Dampf-Destillation & Liqueur-Fabrik", wie sie sich damals nannte, sogar eine Niederlassung und produzierte dafür eigens den „Berliner Getreide-Kümmel". Regelrecht berühmt wurde der „Hiller Moorbrand", ein seit 1721 nach einem geheimen Familienrezept destillierter Kräuterlikör. Er wird heute noch in Lizenz hergestellt.

Auf die funktionstüchtige Dampfmaschine von 1895 ist Reinhard Brunschütte besonders stolz.

„Die Meyer'sche Ära ging 1958 zu Ende, nachdem der letzte Betreiber des Familienbetriebs zwei Jahre zuvor verstorben war", erklärt Brunschütte, der heute mit drei weiteren Vereinsmitgliedern Besucher durch das sanierte Gebäude mit Brennerei-Museum führt. Nach dem Verkauf an Wilhelm Rinne aus Stadthagen 1958 konnte sich die Brennerei noch einige Jahrzehnte halten. Dann war Schluss, das Gelände wechselte abermals den Eigentümer, der das inzwischen zu einem Schandfleck verkommene Gebäude abreißen lassen wollte.

„Aber für uns war es ein Schätzchen von besonderer Bedeutung für den Ort", sagt der Mann vom Heimat- und Gartenbauverein. Der Verein bot sich dem Eigentümer als Trägerverein eines Brennerei-Museums an und übernahm die Sanierung in Eigenregie mit Unterstützung der Gemeinde Hille. „1998 haben wir mit dem maroden Schornstein angefangen und bis 2002 mit vorwiegend einheimischen Betrieben – alle Arbeiten wurden nach Denkmalvorgabe abgearbeitet – die Restaurierung durchgeführt." Fast 5.000 Arbeitsstunden investierten die Vereinsmitglieder, um aus ihrem Schätzchen ein Schmuckstück zu machen. So bieten vor allem die originalen technischen Anlagen einzigartige Einblicke in die einzelnen Arbeitsschritte der Alkoholgewinnung aus Getreide, wie sie in Westfalen kein zweites Mal zu finden sind.

„1998 haben wir mit dem maroden Schornstein angefangen und bis 2002 mit vorwiegend einheimischen Betrieben - alle Arbeiten wurden nach Denkmalvorgabe abgearbeitet - die Restaurierung durchgeführt."

Der Schornstein raucht heute zwar nicht mehr. Als Träger für ein Storchennest in luftiger Höhe aber macht er sich auch ziemlich gut.

Kerstin Rickert

So geht's zum Schornstein:

Er befindet sich an der Mindener Straße mitten in Hille.

Eine Vielzahl an Steinmetzzeichen lässt sich an der östlichen Außenwand finden.

36

Steinmetzzeichen

Mystische Symbole oder steinerne Signaturen?

Wie unterschreibt man auf einem Stein? Die Steinmetze, die im Mittelalter die großen Sandsteinbrocken zu passenden Bausteinen verarbeiteten, wussten, wie das geht. Mit ihren Arbeitswerkzeugen, Hammer und Meißel, schlugen sie Zeichen in den bearbeiteten Stein. Jeder hatte seine ganz persönliche Signatur und konnte so nachweisen, welches Werkstück er behauen hatte. Vorgänger heutiger Logos und Trademarks also. Sie waren auch notwendig, um den verdienten Lohn zu bekommen. Dazu stapelte der Steinmetz die Quader, die er behauen hatte, und markierte die obere Reihe.

Heute, mehr als 700 Jahre später, sind diese Signaturen, die an alte geheimnisvolle Runen erinnern, immer noch gut zu erkennen. Aber wie so manche „Unterschrift" lassen sie sich nicht so recht entziffern. Ein Verzeichnis, das Steinmetzzeichen und Namen der Wanderhandwerker zusammenbringt, ist auch in Minden leider nicht überliefert. Finden lassen sich solche Zeichen an vielen alten Kirchen und in reichem Maße an dem spätgotischen Chorpolygon von 1350 an der östlichen Außenseite des Mindener Doms. Die meisten Menschen laufen achtlos daran vorbei und die, die sie entdecken, rätseln, was sie wohl bedeuten. Nicht selten werden irrtümlich die Freimaurer dahinter vermutet.

Nicht alle dieser Symbole waren immer sichtbar. Eine sehr lange Zeit unbekannt waren auch Steinmetzzeichen im Mindener Dom, die an den mit Mörtel gefüllten Lagerfugen des Langhauses verborgen waren. Sie sind größer und unterscheiden sich von den anderen, denn hier wurde schon von 1267 bis 1290 von anderen Bauleuten gebaut. „Eine Besonderheit in Minden ist, dass einige dieser Steine gleich zwei Mal markiert wurden", weiß der zweite Vorsitzende des Dombauvereins Andreas Kresse. Ob der Grund dafür Arbeitsteilung war oder es Versatzzeichen für die Platzierung waren, ist nicht gesichert. Da die Steine für den Bau an der Martinikirche, der zur gleichen Zeit stattfand, vermutlich auf dem gleichen Platz gelagert wurden, zeigt das zweite Zeichen vielleicht auch die Bestimmung für den Dom an. Sie stammen alle aus der frühgotischen Halle des Langhauses und aus dem genannten Zeitraum von 23 Jahren. Davor sind keine doppelten Zeichen nachweisbar.

Andreas Kresse zeigt im Lapidarium einige der Steine mit zwei Zeichen.

Erst die Zerstörung des Doms im Zweiten Weltkrieg brachte sie wieder zum Vorschein. Viele der Steine mit den vom Mindener Baumeister Hans Gelderblom (1879-1966) dokumentierten Zeichen sind heute nicht mehr zu finden. Sie wurden wohl unter Werner March (1894-1976), der nach dem Zweiten Weltkrieg den Wiederaufbau leitete, wieder verbaut. „Einige der Markierungen befinden sich wahrscheinlich auch auf Steinen, die so hoch eingebaut sind, dass sie für die Besucher nicht zu erkennen sind", vermutet Andreas Kresse, der mehrere von diesen doppelten Zeichen auf beschädigten Werkstücken im Lapidarium des Doms entdeckt hat. Er meint: „Möglich, dass auch sie noch für Reparaturzwecke verbaut werden."

Manchmal lässt sich anhand der Steinmetzzeichen, die bis zum Lebensende beibehalten wurden, auch der Weg eines Steinmetzes nachverfolgen. Sieben der Mindener Zeichen sind haargenau gleich am Paderborner Dom zu finden, wo zuvor unter einem anderen Baumeister gebaut wurde (Stand 1957). Weitere wurden an verschiedenen Kirchen in Braunschweig gefunden und acht an der Marienkirche in Lemgo. Historiker erforschen die Steinmetzzeichen, um die Geschichte der Bauhütten vom Mittelalter bis zur Renaissance neu erzählen zu können. In Paderborn wird eine digitale Bibliothek erstellt, die es in Zukunft ermöglichen wird, die Wege der mittelalterlichen Steinmetze zu verfolgen. Auch derjenigen, ohne deren fachkundige Arbeit es den Mindener Dom nicht geben würde.

„Einige Markierungen befinden sich wahrscheinlich auch auf Steinen, die so hoch eingebaut sind, dass sie für die Besucher nicht zu erkennen sind."

Rolf Graff

So geht's zu den Steinmetzzeichen:

Sie lassen sich außen an der Ostseite des Doms, zugänglich vom großen Domhof aus, und im Westwerk (Turm) finden.

Jürgen Kirchhoff, der auf der Hofstelle der Drögemeier-Brüder in Dankersen wohnt, weist auf den Gedenkstein für den Brudermord hin.

37

Sühnestein

Der Dankerser Brudermord

Wer auf der alten Bundesstraße von Minden nach Bückeburg fährt, kommt in Meißen in Höhe des Hauses Clus 73 linkerhand an einem alten, verwitterten Stein vorbei. Er ist in der Vorbeifahrt leicht zu übersehen, denn er steht auf der anderen Seite des Straßengrabens und wird während der Vegetationsperiode zusätzlich von einem Busch verdeckt. Auch wenn darauf selbst bei näherem Hinsehen kaum noch etwas zu erkennen ist, lohnt es sich doch, für einen Moment innezuhalten. Denn der sogenannte Sühnestein steht für ein wahrhaft schauriges Geheimnis. „Er erinnert an den Dankerser Brudermord", sagt Jürgen

Kirchhoff, der im zweieinhalb Kilometer entfernten Dankersen die Hofstelle Sollort 5 bewohnt. Dort haben vor langer Zeit zwei Brüder gelebt, die sich im Streit um eine junge Frau gegenseitig erschlugen.

Vieles an dem Konfliktstoff mit tödlichem Ausgang ist legendenhaft und wohl von Generation zu Generation mündlich überliefert und dabei abgeändert worden. Schon die zeitliche Einordnung ist strittig. Mal wird der Vorfall in die Zeit des Lüneburger Erbfolgekriegs (1370-1389) eingeordnet, in dem der Mindener Bischof Otto III. (1384-1397) nach der Schlacht von Winsen an der Aller in Gefangenschaft geriet. In dessen Gefolge soll der ältere der beiden Brüder, Johann Drögemeier, in den Krieg gezogen sein.

Dann wiederum soll sich die Bluttat deutlich später, wahrscheinlich gegen Ende des Dreißigjährigen Krieges (1618-1648), zugetragen haben. Dafür spräche auch die kaum noch zu entziffernde Inschrift, die Jahreszahl 1651 auf dem Sühnestein – und ein altes bemaltes Glasfenster im Haus Jürgen Kirchhoffs, das einen berittenen Landsknecht sowie ebenfalls diese Jahreszahl zeigt.

Doch was war geschehen? Auf dem Hof Dankersen Nr. 1, der, weil er die höchsten Abgaben im Dorf entrichtete, die niedrigste Nummer trug, wie Ortsheimatpfleger Siegfried Nolte erklärt, lebte die Familie Drögemeier. Deren ältester Sohn Johann war ein Draufgänger und Haudegen. Ob nun schon um 1388 oder doch erst nach 1618 – er zog in den Krieg. Unklar ist in den unterschiedlichen Varianten der Überlieferung auch das: War er schon mit der Nachbarstochter Margarethe verheiratet – oder verfiel er ihr oder aber einem anmutigen Waisenkind, das auf den Hof gekommen war, erst nach seiner Heimkehr in Liebe?

Jedenfalls war der Älteste einige Jahre länger von zu Hause fortgeblieben als erwartet. Der Vater hatte inzwischen den Hof dem jüngeren Bruder Jürgen übertragen. Und dieser hatte die junge Frau, die nach einer Version die Witwe des vermeintlich im Kampf gefallenen Söldners war, geehelicht und mit ihr einen Hoferben gezeugt.

Als der Krieger jedoch heimkehrte, begann er seinen jüngeren Bruder zu hassen – ob nun mehr wegen des verlorenen Erbes oder mehr wegen der Frau, sei dahingestellt. Im Streit um Haus und Frau entbrannte eines Tages im Bereich des Gevatterfeldes zwischen dem

Hof in Dankersen und dem heutigen Standort des Steines ein Kampf auf Leben und Tod. „Die Brüder schlugen mit Pflugscharen aufeinander ein und verletzten sich gegenseitig so schwer, dass beide verbluteten und tot aufgefunden wurden. Deshalb zeigt der Sühnestein ein Pflugeisen", wie Jürgen Kirchhoff erklärt – und dabei muss er angesichts des Zustandes des Steines an die Fantasie des Betrachters appellieren.

„Die Brüder schlugen mit Pflugscharen aufeinander ein und verletzten sich gegenseitig so schwer, dass beide verbluteten und tot aufgefunden wurden. Deshalb zeigt der Sühnestein ein Pflugeisen."

Damit ist die Geschichte jedoch noch nicht ganz vorbei, denn ein anderer Streit schwelt bis heute. „Der Stein stand früher an der Stelle, wo heute der Hauseingang ist, er wurde beim Bau des Hauses entfernt und zunächst ins Museum nach Minden transportiert", sagt Ortsheimatpfleger Nolte. „Auf Betreiben des ehemaligen Meißener Rektors erhielt der Stein seinen jetzigen Platz." Dort steht er nach Meinung Jürgen Kirchhoffs und seiner Familie mehr schlecht als recht. „Wie leicht könnte der Sühnestein beim Mähen des Straßengrabens zerstört werden", fürchtet er Schlimmeres als nur die schleichende Verwitterung. Er würde dem Gedenkstein für den Dankerser Brudermord am liebsten einen Platz auf der Hofstelle Drögemeier geben. Der Verlagerung haben die Meißener aber bislang nicht zugestimmt.

Jürgen Langenkämper

So geht's zum Sühnestein:

Der Sühnestein steht an der alten Bundesstraße von Minden nach Bückeburg auf der nördlichen Seite in Höhe des Hauses Clus 73.

Dr. Katrin Holthaus (links) und Janine Alice Dechant haben eine Erklärung für die ungewöhnliche Form des Turms.

38

Turm

Wo der richtige Wind weht

Er hat eine außergewöhnliche Form. Wie ein riesiger Zuckerhut sieht er aus. Und wer genau hinhört, vernimmt ein seltsames Klingen. „Schon der Turm an sich ist ganz schön rätselhaft“, sagt Dr. Katrin Holthaus. „Zusammen mit den Geräuschen ist er faszinierend geheimnisvoll“, findet die Kunsthistorikerin. Auf beides, die Kegelform des Gebäudes und die Klänge, die aus dem Inneren nach außen dringen, werde sie häufig angesprochen. Und sie weiß, was es damit auf sich hat: „Die Geräusche entstehen, wenn Metall auf Metall trifft. Ähnlich ist das in jeder Glashütte zu hören.“ Und zu einer Glashütte gehört der kegelförmige Ziegelbau.

Seine genaue Bezeichnung war ursprünglich „Tafelturm", weil in ihm Glastafeln für Fensterscheiben hergestellt wurden. Er steht in Ovenstädt, einem Stadtteil von Petershagen, und ist heute Teil des LWL-Industriemuseums Glashütte Gernheim. „1826 wurde er errichtet. Die Jahreszahl ist hoch oben am Turm zu sehen, dem einzigen Turm übrigens, der noch in seiner ursprünglichen Funktion erhalten ist", sagt die Leiterin.

Anfang des 19. Jahrhunderts hatten die beiden Bremer Kaufleute Johann Christoph Friedrich (Fritz) Schrader und Cornelius Lampe die Idee, eine Glashütte zu gründen. Wie die wissenschaftliche Volontärin des Standortes, Janine Alice Dechant, erzählt, hatten sie sich dazu wohl während einer Englandreise von der führenden Glasindustrie und der speziellen Hüttenarchitektur auf der Insel inspirieren lassen. „Man kann sagen, das war so eine Art früher Industriespionage", ergänzt Katrin Holthaus.

Der Turm sieht aus wie ein riesiger Zuckerhut.

Es war zu jener Zeit, als Napoleon (1769-1821) weite Teile des kontinentalen Europas beherrschte. Die von ihm 1806 verhängte Wirtschaftsblockade, die sogenannte Kontinentalsperre, verhinderte die Einfuhr preiswerter Glaswaren aus Großbritannien. Vor allem Fritz Schrader, der eine führende Position bei der portugiesischen Handelsvertretung in Bremen bekleidete, versprach sich von einer Glashütte auf dem Kontinent gute Geschäfte. Auf der Suche nach einem geeigneten Standort verschlug es ihn und seinen Kompagnon ins ländliche Ovenstädt in eine unmittelbar an der Weser gelegene Gegend. Die Lage am Fluss und die Aussicht darauf, das Land günstig erwerben zu können, dürften Schraders Entscheidung für dieses Gebiet beeinflusst haben. „Auf der Weser konnte er die Waren nach Bremen verschiffen", sagt Katrin Holthaus. Außerdem sei ein von Schrader bevorzugter Rohstoff in der Nähe verfügbar gewesen: Steinkohle. „Die Hütten in der Umgebung arbeiteten zum Teil noch mit Holz und hatten noch nicht auf Kohle umgestellt. Das hat Schrader sich zunutze gemacht.“ Denn Kohle ist als Energieträger deutlich effizienter.

Es gab für den Geschäftsmann aber noch einen weiteren Standortfaktor, der für Ovenstädt sprach. „Aufgrund der topografischen Lage ist die Windführung hier sehr günstig“, sagt Katrin Holthaus. Tatsächlich weht dort, wo der Turm steht, eine permanente Brise. „Um die Thermik auszunutzen, hat er die konische Form erhalten“, erklärt die Kunsthistorikerin. Das Herzstück der Glashütte wurde zum weithin sichtbaren Symbol eines ganzen Fabrikortes mit Herrenhaus und Arbeiterwohnhäusern, Schule, Gaststätte und Einkaufsladen, Tischlerei, Schmiede und Korbmacherei: Gernheim. Diesen Namen soll Fritz Schrader einer Legende zufolge übrigens deshalb gewählt haben, weil er sich gleich bei seinem ersten Besuch dieses Ortes „gern heim“ gefühlt habe.

„Aufgrund der topografischen Lage ist die Windführung hier sehr günstig.“

Die Glashütte Gernheim entwickelte sich zum größten Arbeitgeber in der Region und war zeitweilig eine der bedeutendsten Fabriken ihrer Art in ganz Nordwestdeutschland. Nach dem Tod Fritz Schraders 1848 ging es mit dem Unternehmen bergab. 1877 legten die Erben die Hütte still. Heute kann man durch das Fenster im Turm aber wieder Glasmacher bei der Arbeit sehen und dazu die Geräusche wahrnehmen, wie sie schon 1826 zu hören waren.

Kerstin Rickert

So geht's zum Turm:

Er steht in Ovenstädt auf dem Gelände des LWL-Industriemuseums Glashütte Gernheim.

Manfred Pöhler (links) ist im schaumburg-lippischen Frille geboren, Heinrich Fehring kommt aus dem preußischen Frille. Der Findling erinnert an die politische Spaltung ihres Heimatdorfes von 1398 bis 1971.

39

Vereinigungsstein

Ein gespaltenes Dorf

Wer Frille von Norden aus erreicht und dem Verlauf der Lahder Straße folgt, kommt unweigerlich an ihm vorbei. Dort, wo die Straße sich in Lahder Straße und die Straße Lichtenberg gabelt, steht auf der Grünfläche unter einer Birke ein Findling. Zwei Wappen zieren den gut einen Meter hohen Felsbrocken auf der Nordseite: Das eine zeigt Nesselblatt und lippische Rose, das andere das westfälische Pferd. Einen ersten Anhaltspunkt, was es damit auf sich haben könnte, liefert die Rückseite des Steins: *Frille vereint* ist darauf zu lesen, darunter steht das Datum *1. Oktober 1971.*

Der Findling erinnert an die Vereinigung des über Jahrhunderte politisch geteilten Dorfes. Heinrich Fehring und Manfred Pöhler kommen beide aus Frille, der eine aus dem früher preußischen, der andere aus dem ehemals schaumburg-lippischen Teil. „Wir hatten zwei Volksschulen, zwei Feuerwehren, zwei Bürgermeister und zwei Standesbeamte", erinnert sich Heinrich Fehring, ehemaliger Ortsbürgermeister von Frille, das seit der Gebietsreform 1973 zur Stadt Petershagen gehört. „Eine Zeit lang gab es in Frille sogar jede Woche zwei Sonntage", weiß Manfred Pöhler. Das war allerdings lange, bevor er selbst 1938 im schaumburg-lippischen Teil des Dorfes geboren wurde.

„Wir hatten zwei Volksschulen, zwei Feuerwehren, zwei Bürgermeister und zwei Standesbeamte."

„1668 führten die Preußen den gregorianischen Kalender ein, in Schaumburg-Lippe galt noch bis 1700 der julianische Kalender", erklärt der Ortschronist. Das bedeutete, dass ein Teil der Friller, nämlich die Schaumburg-Lipper, ihren preußischen Nachbarn 32 Jahre lang ein paar Tage hinterherhinkten. „Donnerstags konnten die Preußen zugucken, wie die Schaumburger sonntags in die Kirche gingen. Der Pastor predigte an zwei Tagen", erzählt Manfred Pöhler, der viel zur Geschichte seines Heimatdorfes recherchiert hat. Dabei hat er auch herausgefunden, dass die Trennung in zwei politische Herrschaftsbereiche bis ins 14. Jahrhundert zurückgeht.

Eine offizielle Grenze gab es lange Zeit nicht, aber um sie gestritten haben das Fürstbistum Minden und die Grafschaft Schaumburg sowie deren Rechtsnachfolger viel und heftig. Offenbar hatten bereits im 13. Jahrhundert unvereinbare Territorialansprüche der Schaumburger Grafen und der Mindener Bischöfe zu Spannungen geführt. Im Zentrum der Konflikte stand der Friller Freithof, wo zur damaligen Zeit Gerichtsverhandlungen stattfanden. In einem Vertrag einigten sich 1398 beide Seiten darauf, dass die Gerichtsbarkeit auf dem Freithof dem Mindener Bischof obliegen sollte. Daraus leitete das Fürstbistum Minden einen Rechtsanspruch auf das gesamte Friller Gebiet ab. Die Schaumburger Grafen wiederum hatten schon vor Vertragsschluss nahezu den gesamten Grundbesitz rund um den Freithof erworben und zählten deshalb auch diesen zu ihrem Gebiet. In der Folge kam es zu vielen Auseinandersetzungen, wie Manfred Pöhler in Erfahrung gebracht hat. Dabei sei es immer wieder um den Grenzverlauf und die Hoheitsrechte wie auch die Herrschaft über die Friller Kirche gegangen. Zu einer Einigung kam es vorerst nicht. Auch im 16. und 17. Jahrhundert blieben mehrere Bemühungen um eine Beilegung der Grenz- und Hoheitsstreitigkeiten zwischen Preußen und Schaumburgern erfolglos.

Im Niedersächsischen Landesarchiv in Bückeburg ist Manfred Pöhler unter anderem auf eine besonders kuriose Dokumentation eines misslungenen Einigungsversuchs aus dem Jahre 1588 gestoßen. So wurde auf einem etwa 60 mal 80 Zentimeter großen Stück Schweineschwarte festgehalten, dass die Mindener zur der vereinbarten Verhandlung nicht erschienen waren. „Danach nahm die Auseinandersetzung kriegerische Züge an", sagt der Friller Ortschronist. „Um die Mindener Hoheit in Frille zu dokumentieren, startete der Mindener Bischof Anton am 4. September 1596 um zwölf Schläge in der Nacht eine Aktion, bei der 13 schaumburgische Friller festgenommen und eingesperrt wurden. Der Schaumburger Graf Adolf XI. ließ daraufhin 47 Personen der Gegenseite gefangen nehmen und einsperren und zwang den Bischof so zum Austausch der Gefangenen." Dass es sich bei den beiden Kontrahenten Bischof Anton (1549-1599) und Graf Adolf (1547-1601) um Brüder handelte, die sich offenbar nicht in der Lage sahen, das Problem Frille vernünftig zu regeln, zeigt, wie verfahren die Situation inzwischen gewesen sein muss. Gegenseitige Nötigungen wie diese seien auch während des Dreißigjährigen Krieges (1618-1648) noch vorgekommen.

„Danach nahm die Auseinandersetzung kriegerische Züge an."

Der Westfälische Frieden von 1648 änderte an der Situation nur wenig. Zwar stand der preußische Teil des Dorfes nun unter der Herrschaft des Kurfürstentums Brandenburg-Preußen und das schaumburgische Frille unter der Lehnsherrschaft der Landgrafen von Hessen-Kassel. Eine Einigung erzielen konnten aber auch sie nicht. Im Gegenteil: Die durch Aufteilung deutlich geschrumpfte Grafschaft Schaumburg-Lippe, wie sie nun hieß, hatte den mächtigen Preußen wenig entgegenzusetzen.

Knapp einhundert Jahre später erreichte die Fehde einen erneuten Höhepunkt – mit Folgen. Nach mehreren von der Kriegs- und Domänenkammer Minden gesteuerten Überfällen auf schaumburgische Friller wandte sich die Schaumburg-Lippische Regierung an die Preußische Regierung in Berlin. Am 30. Januar 1745 schrieb König Friedrich II. (1712-1786) höchstpersönlich einen Brief an Albrecht Wolfgang Graf zu Schaumburg-Lippe (1699-1748), in dem er versicherte, sich selbst um die Streitigkeiten in Frille zu kümmern. Und er hielt Wort. Nachdem die Mindener weiterhin versuchten, dem Schaumburger Grafen die Territorialhoheit über seine Friller Untertanen streitig zu machen, erklärte Friedrich II. die „Friller Sache" zur Chefsache. In seinem Schreiben an die Kriegs- und Domänenkammer Minden vom 26. Oktober 1745 heißt es: „In Zukunft werdet Ihr bei Streitigkeiten mit Benachbarten, nachdem Ihr Eure pflichtgemäße Meinung geäußert habt, unserem Ministerium die Beurteilung überlassen. Ihr habt dann in der Sache unseren Befehlen zu gehorchen. Ihr habt unsere Befehle auch nicht zu umgehen oder ihnen nach dem alten Schlendrian auszuweichen." Der Brief schließt mit den Worten: „Muss aller Eifer, obwohl unser Interesse, nicht mit Menschlichkeit untermenget sein?" Damit erhielt die Grafschaft Schaumburg-Lippe von König Friedrich II. erstmals die Rechtshoheit über die schaumburg-lippischen Friller, nachdem die Mindener ihnen diese über Jahrhunderte verweigert hatten.

Auf dem Vereinigungsstein stehen das schaumburg-lippische und das preußische Wappen einträchtig nebeneinander.

Bis eine Grenze zwischen den beiden Friller Ortsteilen festgelegt wurde, sollte es allerdings noch einmal 140 Jahre dauern. 1885 wurde der Grenzverlauf im Staatsvertrag zwischen Preußen und Schaumburg-Lippe geregelt. In der Folgezeit unternahmen die Friller immer wieder erfolglos Anstrengungen, die Vereinigung ihres politisch getrennten Dorfes herbeizuführen. Auch nach dem Ende des Zweiten Weltkriegs (1939-1945) zerschlugen sich ihre Hoffnungen zunächst.

Frille (Kreis Minden) wurde am 23. August 1946 von der britischen Militärregierung in das neugegründete Land Nordrhein-Westfalen eingegliedert. Frille (Kreis Schaumburg-Lippe) machten die Briten ab 1. November 1947 zu einem Teil von Niedersachsen. Das wiederum hatte zur Folge, dass in dem Dorf zwei verschiedene Ferienordnungen galten.

Bewegung kam erst zehn Jahre später in der Friller Sache auf. Den Anstoß gab offenbar ein Artikel mit der Überschrift *Ein Schildbürgerstreich* in der Tageszeitung *Die Welt* vom 2. März 1957, in dem über die Zustände in Frille berichtet wurde. Im Ausschuss für Kommunalpolitik des Bundestages wurde man hellhörig. Bereits 1958 wurden die beiden Schulen im Dorf zusammengelegt. Ein neues Bundesgesetz über das Verfahren bei Änderungen des Gebietsstandes der Länder machte 1965 den Weg frei für die Vereinigung der beiden Dorfteile. Per Volksentscheid stimmten die schaumburg-lippischen Friller 1970 schließlich für eine Eingliederung in das Bundesland Nordrhein-Westfalen.

Am 1. Oktober 1971 war es endlich so weit: Die beiden Ortsschilder, die Dorfbesuchern von Norden kommend den Weg nach Frille (Kreis Minden) und von Süden nach Frille (Kreis Schaumburg-Lippe) wiesen, konnten abgebaut werden. Der Findling aber hat seitdem in Frille einen festen Platz.

Kerstin Rickert

So geht's zum Vereinigungsstein:

Der Findling steht an der Ecke Lahder Straße / Lichtenberg östlich des Friller Ortskerns auf einer Grünfläche.

Im Römerlager

40

Im Römerlager

Wo Varus keine Spuren hinterließ

Es geht geschäftig zu in dieser Seitenstraße der Portastraße in Barkhausen. An diesem Ort war auch schon vor mehr als 2.000 Jahren viel los, wie Stephan Böhme weiß. Und daran erinnert der Name der Straße, um die es geht: Im Römerlager.

Stephan Böhme war zehn Jahre lang Bürgermeister der Stadt Porta Westfalica. In seine Amtszeit fiel die Erschließung eines neuen Baugebietes im Stadtteil Barkhausen östlich der Portastraße. Wie in solchen Fällen üblich, standen erst einmal Bodenuntersuchungen durch die Denkmalbehörde an.

Im Juli 2008 entdeckten Archäologen und ehrenamtliche Sondengänger tatsächlich erste Relikte aus der Zeit der römischen Bestrebungen, Germanien zu erobern. Zu diesen Funden gehörte eine sogenannte Aucissafibel, eine metallene Gewandspange, die römischen Legionären dazu diente, ihren schweren Mantel auf der rechten Schulter zusammenzuhalten. Ein Münzfund konnte zudem dem keltischen Stamm der Remer zugeordnet werden, von denen man wusste, dass sie das römische Heer mit Hilfstruppen unterstützt hatten. Die zeitliche Einordnung der Funde führte zu der These, dass sich an dieser Stelle ein römisches Marschlager aus der Zeit des Kaisers Augustus (63 v. - 14 n. Chr.) befunden haben könnte.

„Wir hatten dort schon immer etwas vermutet", sagt Stephan Böhme. Schließlich sei bereits 1950 ganz in der Nähe eine Goldmünze gefunden worden. „Wo etwas ist, ist vielleicht auch mehr." Um die Archäologen zu unterstützen, setzte sich Böhme für die Gründung des Fördervereins „Römerlager Barkhausen Porta Westfalica" ein und übernahm dessen Vorsitz. Der Verein finanzierte Grabungshelfer, wodurch die Arbeiten relativ schnell voranschreiten konnten. Gut drei Jahre dauerten sie dennoch. „Die Fülle von Fundstücken war für alle Beteiligten überraschend", erinnert sich der damalige Bürgermeister.

Stephan Böhme steht an einem Ort von historischer Bedeutung.

Eiserne Nägel von Schuhen römischer Legionäre, ein Mühlstein und Zeltheringe aus der Zeit des Kaisers Augustus befanden sich darunter. „Wir waren hoffnungsvoll nachzuweisen, dass Varus hier war“, blickt der Portaner zurück.

Einen Beweis dafür, dass der römische Feldherr Publius Quinctilius Varus (47/46 v. - 9 n. Chr.) im Jahre 9 n. Chr. in Barkhausen gelagert hatte, bevor die Germanen in der sogenannten Varusschlacht obsiegten, lieferten die Ausgrabungen nicht. „Bis heute fehlen Hinweise auf einen für die damalige Zeit typischen V-förmigen Wehrgraben“, erklärt Stephan Böhme. Aber die Archäologen gehen davon aus, dass das Römerlager ursprünglich viel größer war als das von ihnen erforschte Areal. Die umliegende Bebauung verhinderte jedoch weitere Untersuchungen.

Mit den Ergebnissen ist Stephan Böhme trotzdem glücklich. Denn auf dem rund 30.000 Quadratmeter großen Gelände kamen bis Ende 2011 noch weitere Spuren ans Licht – und daran war er nicht ganz unbeteiligt. Er fand das erste Tongefäß einer Urne aus der Bronzezeit. Eine stattliche Anzahl von Gräbern und Grabbeigaben aus mehreren Epochen – die ältesten aus dem Jahre 1200 v. Chr. – sowie Überreste eines Landsknechtslagers aus dem Dreißigjährigen Krieg (1618-1648) förderten die Archäologen anschließend auch noch zutage. „Es handelt sich also um einen mehrperiodischen Platz von kultur- und militärhistorischer Bedeutung“, stellt Böhme fest.

Dokumentiert wird dies in einer kleinen Ausstellung, die der Förderverein im Erdgeschoss des Business Center Porta Westfalica in der Straße „Im Römerlager“ präsentiert. Ob Varus dort nun genächtigt hat oder nicht, bleibt aber wohl weiterhin ein Geheimnis.

Kerstin Rickert

So geht's zur Straße „Im Römerlager“:

Die Straße „Im Römerlager“ zweigt von der Portastraße in Barkhausen in östlicher Richtung ab.

Uwe Meyer kennt die Geschichten der Menschen, die an diesem besonderen Ort ihre letzte Ruhestätte gefunden haben.

41

Schlotheim-Grab

Der Kammerherr und die Königstochter

Die Bergkirchener Straße ist malerisch gelegen – aber sie hat auch ihre Tücken. Kurvenreich windet sie sich von Rothenuffeln nach Bergkirchen den Hang hinauf. Da bleibt vor lauter Konzentration auf die nächste Serpentine kaum Zeit nach links und rechts zu schauen. Leicht übersehen wird so eine Stelle, die in einer spitzen Kehre liegt. Dabei lohnt es sich, diesen Ort genauer zu betrachten. Denn er erzählt viel über den Menschen, dem man dort bereits zu Lebzeiten ein Denkmal setzte. Und über die besondere Bedeutung der Passstraße über das Wiehengebirge, an der dieses Denkmal steht. Uwe Meyer, Ortsheimatpfleger von Rothenuffeln, kennt noch eine weitere Geschichte.

Es ist schon eine merkwürdige Stelle für eine Grabstätte, direkt an einer viel befahrenen Straße. Aber es ist auch ein sehr schöner Ort. 249,8 Meter hoch gelegen, befindet er sich an dem höchsten Punkt

Rothenuffelns und zugleich der Gemeinde Hille. „Die Aussicht in die Norddeutsche Tiefebene ist traumhaft", findet Uwe Meyer. Das müssen sich die Menschen damals auch gedacht haben, die an dieser Stelle ein Hochkreuz-Denkmal errichten ließen. Für wen, dazu geben die Inschriften an dem Denkmal Auskunft: *Errichtet am 24. September 1857. Dem Königlichen Kamerherrn und Landrath Freiherrn Carl von Schlotheim, Rechts-Ritter des St. Johanniter- und Ritter des Rothen-Adler-Ordens.* Hinweise zu den Gründen für die Errichtung des Denkmals an dieser Stelle liefert eine weitere Inschrift: *in ehrender Anerkennung seiner um den Kreis Minden erworbenen Verdienste, insbesondere zu dankbarer Erinnerung für die in väterlicher Fürsorge der hiesigen Gegend durch Anlegung dieses Weges erwiesene große Wohlthat.*

Nur wenige Schritte entfernt befindet sich ein Doppelgrab mit zwei gusseisernen Kreuzen: Begraben sind dort Carl Ludwig Theodor Freiherr von Schlotheim (1796-1869) und seine Frau Melanie Freifrau von Schlotheim geb. Gräfin von Wietersheim (1803-1876). Aber wer waren die beiden?

„Carl von Schlotheim war Landrat im Kreis Minden und hat den Bau von Straßen vorangetrieben. Im Rahmen einer Arbeitsbeschaffungsmaßnahme soll er rund 2.000 Arbeitslosen Beschäftigung gegeben haben. Auch die Bergkirchener Straße hat er damals bauen lassen", erzählt Uwe Meyer. Die Bevölkerung sei ihm so dankbar gewesen, dass sie ihm, den sie als „Straßenbauer des Kreises Minden" feierten, ein Denkmal setzte. Und wer war Melanie? „Vor seiner Zeit als Mindener Landrat war Carl Kammerherr von Jerome Bonaparte, dem Bruder Napoleons und König von Westphalen. Dadurch lernte er seine Frau Melanie kennen, eine uneheliche Tochter Jeromes und Nichte Napoleons", berichtet der Ortsheimatpfleger weiter.

„Carl von Schlotheim war Landrat im Kreis Minden und hat den Bau von Straßen vorangetrieben. Im Rahmen einer Arbeitsbeschaffungsmaßnahme soll er rund 2.000 Arbeitslosen Beschäftigung gegeben haben."

Jerome Bonaparte (1784-1860) war der jüngste Bruder von Napoleon (1769-1821). 1807 machte Napoleon seinen 15 Jahre jüngeren

Bruder zum Herrscher über das von ihm geschaffene Königreich Westphalen, zu dem auch das Gebiet des heutigen Kreises Minden-Lübbecke gehörte. Residenzstadt war Kassel, wo Jerome von den Bürgern der Stadt „König Lustig“ oder auch „König Lustik“ genannt worden sein soll. Ihm wird nachgesagt, das Leben in vollen Zügen genossen zu haben und den Frauen sehr zugetan gewesen zu sein. Aus zwei Ehen und einer außerehelichen Verbindung gingen sechs Kinder hervor – und aus einer Liaison, die er als 17-Jähriger hatte, eine Tochter: Felicite-Melanie Adelaide, genannt Melanie. Über sie war lange Zeit wenig bekannt. Vermutlich wurde sie in Nantes geboren. Dort hatte Jerome, nachdem sein Bruder Napoleon ihn in die Kriegsmarine gesteckt hatte, als junger Fähnrich zur See 1802 mit ihrer verheirateten Mutter Adelaide-Melanie Lagarde ein Verhältnis. Von der Geburt seiner Tochter erfuhr er zunächst nichts, da er sich 1803 in die Vereinigten Staaten von Amerika abgesetzt hatte. „Aber später erkannte Jerome Melanie als seine Tochter an und holte sie zu sich nach Kassel“, erzählt Uwe Meyer. 1810 vermachte Jerome seiner Tochter das Rittergut Wietersheim, erhob sie in den Adelsstand und verlieh ihr den Titel „Gräfin von Wietersheim“. „Als Kammerherr am Hof des Königs muss von Schlotheim Melanie kennengelernt haben“, vermutet Meyer.

Ein Denkmal für den „Straßenbauer des Kreises Minden“.

Nach dem Zusammenbruch des Königreichs Westphalen 1813 und dem Ende des Französischen Kaiserreichs 1815 begleiteten beide Jerome Bonaparte ins Exil, zunächst auf Schloss Schönau in Österreich. Dann lebten sie in der Villa Cassis in Triest, das damals ebenfalls zu Österreich gehörte. Offenbar fand der junge Carl Ludwig Theodor Gefallen an dem Mädchen, das schon als kleines Kind durch sein anmutiges und charmantes Wesen aufgefallen sein soll, und er bat Jerome um die Hand seiner Tochter. Mit Erfolg: 1820 heirateten die beiden in Triest. Ein Jahr später kam dort ihr erstes Kind zur Welt, Charlotte Luitgard Melanie Ernestine. Der einzige Sohn Eduard Ernst Franz Johann wurde zwei Jahre darauf in Paris geboren. Mit den Finanzen Jeromes stand es mittlerweile durch sein pompöses Leben in Triest nicht mehr zum Besten, und er musste sich einschränken. Die Familie von Schlotheim zog in dieser Zeit nach Wietersheim, heute ein Ortsteil von Petershagen, in das inzwischen zu einem Schlösschen umgebaute Gut.

1955 widmete der Wietersheimer und spätere Kreisheimatpfleger Wilhelm Brepohl (1913-2002) der „Gräfin von Wietersheim" in zwei Ausgaben der *Mindener Heimatblätter* besondere Aufmerksamkeit und wies auf deren außergewöhnliche Barmherzigkeit hin. Sie habe „sich der Kranken und Schwachen des Dorfes angenommen, die sie mit Speise und Trank aus Küche und Keller des Gutes bedachte", schrieb Brepohl. Vorbildlich für ihre Zeit sei auch die Fürsorge gewesen, die sie den jungen Mädchen des Dorfes habe angedeihen lassen. So habe sie „jedes Mädchen, ob Bauerntochter oder Tagelöhnerkind, zu Handarbeitsstunden ins Schloss eingeladen und sie im Nähen, Stricken und Sticken unterwiesen". Ihrem Mann und ihren Kindern sei Melanie zudem immer eine liebevolle, gütige Gattin und Mutter gewesen.

1826 kam ihr drittes Kind zur Welt: Mathilde Charlotte Henriette Emilie Auguste. Taufpaten wurden Frau Regierungsrätin Kopp und Heinrich von Korff, Landrat des seit 1816 preußischen Kreises Minden. Die Eheleute von Schlotheim hatten also bereits innerhalb kurzer Zeit gute Kontakte zur höheren Mindener Gesellschaft geknüpft. Schon bald gehörten sie fest zum Kreis der Honoratioren der Stadt, in der sie regelmäßig verkehrten. Ihre Tochter Emilie Melanie Jeromia wurde 1828 in Minden geboren.

Carl Ludwig Theodor von Schlotheim machte Karriere als Regierungsbeamter und Abgeordneter. Als Rittergutsbesitzer gehörte er den Kreisständen an, 1837 wurde er Kreisdeputierter und damit Stellvertreter des Landrats. 1849 übernahm er zunächst die kommissarische und ab 1850 die Leitung des Landratsamtes von seinem Vorgänger von

Korff, dem Patenonkel seiner zweitjüngsten Tochter. Während seiner 20-jährigen Amtszeit setzte er sich in besonderem Maße für den Bau von Straßen und von Deichen an der Weser ein. Sein Programm zur Entwicklung der Infrastruktur sah den Bau von 135 Kilometern Straßen im Kreis durch Arbeitslose vor. Mit der Umsetzung erhielten rund 2.000 Menschen Arbeit, wodurch die Gemeinden von der Armenfürsorge entlastet wurden und der Kreis Minden einen wirtschaftlichen Aufschwung erlebte. Für den Bau von Weser-Deichen im Gebiet der heutigen Stadt Petershagen, die größtenteils heute noch als Hochwasserschutz fungieren, generierte er staatliche Zuschüsse in Höhe von 15.000 Talern – damals eine Menge Geld.

Die Bevölkerung dürfte sich seiner Verdienste durchaus bewusst gewesen sein, als sie ihm zwölf Jahre vor seinem Tod an der durch seine Initiative erbauten Passstraße über das Wiehengebirge ein Denkmal setzte.

Melanie wurde so viel Aufmerksamkeit nicht zuteil – sie starb 1876 im Alter von 72 Jahren einsam, fast erblindet und verarmt in Bad Oeynhausen. Nach dem Tod ihres Mannes sieben Jahre zuvor war sie zu einem Notverkauf von Schloss Wietersheim gezwungen worden. Ihre letzte Ruhestätte fand sie bei ihm – an dem Platz neben dem Denkmal, den sich der gefeierte Landrat für sich und seine Frau gewünscht hatte.

Kerstin Rickert

So geht's zum Schlotheim-Grab:

Es liegt in einer spitzen Kehre an der Bergkirchener Straße, die von Rothenuffeln nach Bergkirchen führt. Parkmöglichkeiten in direkter Umgebung gibt es nicht.

vhs

Portal

Des Kaisers Kutsche und eine seltsame Odyssee

So richtig scheint das Portal zum Gebäude des Bildungszentrums am Weingarten, das Volkshochschule, Stadtbibliothek, Jazz Club und ein Café unter einem Dach vereint, nicht zu passen. Obwohl der Architekt sich Mühe gab und die Form des sichtlich viel älteren Torbogens sich in der modernen Gestaltung wiederfindet, prallen hier doch verschiedene Bauepochen stilistisch aufeinander. Nachdem die Brennerei Strothmann ihre Fabrikation am Königswall aufgegeben hatte, wurden die ehemaligen Werksanlagen geschmackvoll modernisiert und der neuen Bestimmung angepasst. Das Portal aber birgt ein Geheimnis: Bevor es zum Eingang des Bildungszentrums wurde, gewährte es schon in zwei andere Häuser Eintritt. All das ahnt wohl kaum einer der heutigen Benutzer.

„Rund 260 Jahre lang erfreute das Portal mit seiner kunstvollen Gestaltung die Mindener schon in dem Eckhaus von Marienstraße und Bäckerstraße“, weiß Dieter Bommel, zuständig für Denkmalschutz und Denkmalpflege bei der Stadt Minden. Bis fast zur Jahrhundertwende bewirtete das Restaurant F. Kühme seine Gäste in diesem Haus, es wurde das „Wolfer'sche Haus“ genannt. Heute steht dort das Haus Weidenfeller, Marienstraße 2. Es hat jetzt in Richtung auf den kleinen, in sich geschlossenen Platz, den die Mindener „Poos“ nennen, nur etwa ein Viertel der alten Frontbreite des Vorgängergebäudes. Bürgersteige gab es dort nicht.

1898 besuchte Kaiser Wilhelm II. (1859-1941) die Stadt. Zum Abschluss der Herbstmanöver des durch eine Kavalleriedivision verstärkten VII. Armeekorps fand eine große Parade auf der Minderheide statt, bei der der Kaiser selbst an der Spitze der Fahnenkompanie ritt. Auf der Fahrt dorthin geriet das rechte Hinterrad des kaiserlichen Wagens an den Prellstein jenes Wolfer'schen Hauses. Der unsanfte Stoß verärgerte den letzten deutschen Kaiser sehr. Ihm zu Gefallen beschlossen die Mindener umgehend, das Haus abreißen zu lassen,

Denkmalschützer Dieter Bommel kennt Geschichte und Wert des alten Portals.

was binnen sechs Wochen auch geschah. Wer alte Fotos von diesem Haus in der engen Bebauung sieht, erkennt, dass zwei Wagen diese Stelle nicht gleichzeitig passieren konnten, und ahnt, dass sich wohl viele Einheimische schon zuvor über dieses Nadelöhr geärgert haben mussten. Nun hatten diese in dem Ärger des Kaisers einen Vorwand für den Abriss gefunden.

Auch damals schon nahmen die Mindener die Schönheit und den Wert dieses Portals wahr, ohne dass es bereits die Idee des Denkmalschutzes gab. Dieter Bommel meint: „Es waren wohl das Erkennen des künstlerischen Wertes und der Respekt vor der großen Leistung der Handwerker, die das Objekt vor seiner Vernichtung bewahrten." So fiel das Portal nicht dem Abriss zum Opfer, sondern wurde gerettet, um es später an anderer Stelle zu verbauen. Solche Bauteile und andere Überreste von Bauten älterer Kulturen, die in neuen Bauwerken wiederverwendet werden, nennt man Spolien. Sie dienten manchmal als Siegestrophäen, Reliquien, Zeichen der Macht, der Erinnerung oder als Hinweis auf eine bestimmte Geisteshaltung.

Und das Portal? Es wurde später Teil der neu erbauten städtischen Turnhalle in der Immanuelstraße, direkt neben der städtischen Dampfbadeanstalt. Durch das eingemeißelte Datum *1639* hat es womöglich manchen Betrachter zu irrigen Annahmen über das Alter des Hauses veranlasst. So richtig passend wirkte es an der Front dieser schlichten Sportstätte mit Sandboden jedenfalls nie, obwohl sie in historisierender Bauweise gestaltet wurde. Außerdem war das Tor hier seiner Funktion beraubt: Sportler und Schüler benutzten den Seiteneingang.

Der Mindener Künstler und Kunsterzieher Ernst Bayreuther (1916-1999) muss auf seinem Weg zur Schule oft an dem Portal vorbeigekommen sein. Und es beeindruckte ihn offenbar nachhaltig: In einem Vortrag bezeichnete er es als „einen der letzten Zeugen aus der Entwicklung des Werksteinbaues in Minden, bevor die schweren Heimsuchungen des Dreißigjährigen Krieges auf lange Zeit jedes kunsttätige Schaffen unterdrückten, das auch in der Folgezeit nach Heilung der Kriegsschäden nicht wieder erreicht werden konnte".

Das Kunstwerk aus der späteren Weserrenaissance weist Merkmale des Übergangs zum beginnenden Knorpelstil auf. Es ist geschmückt mit reich profilierten Rundbögen, hervorspringenden Quadern, mit einer Putte, zwei menschlichen Köpfen – vielleicht Abbilder der Bauherren – sowie zwei Tierköpfen, außerdem mit Masken, umgeben von zahlreichem anderen Schmuckwerk. In den Fries des Bogens eingemeißelt finden sich die Psalmworte *Befiehl dem Herrn deine Wege und hoffe auf ihn, er wird es wohl machen* und die Jahreszahl *1639*. Darunter sind in den Ecken zwei Wappen sichtbar. Im linken kann man die Buchstaben *A* und *L* und im rechten *I* und *A* finden. Rundbogen und Pfeilergewände sind ähnlich gestaltet wie bei dem bekannten Haupteingang des Gewerbehauses zu Bremen. Auch alle anderen sachverständigen Begutachter lobten das architektonische Schmuckstück immer wieder.

Auch die moderne Umgebung steht dem alten Portal gut.

Bayreuthers Idee war es, das Portal erneut an einen Platz versetzen zu lassen, der es mehr zur Geltung bringen würde. In seiner kunstgeschichtlichen Vorlesung über Stilkunde in der Volkshochschule stellte er das prächtige Portal der späten Weserrenaissance heraus, das nur wenigen Mindenern bekannt war, und machte die Öffentlichkeit auf diese Weise mit seinem Plan bekannt. Er dachte dabei an den Neubau für das Heimatmuseum in der Ritterstraße 27 und setzte sich mit viel Eifer dafür ein. Seine Vorstellung stieß auf breite Zustimmung, da schon andere Schmuckteile jenes alten Hauses, Medaillon- und Bildnissteine, die angeblich den früheren Besitzer des Hauses und den Baumeister darstellen, zuvor dem Heimatmuseum übergeben worden sein sollen. Die Unternehmung scheiterte aber letztendlich an der Größe des Torbogens, der an den relativ kleinen Giebelhäusern überdimensioniert gewirkt hätte. So kam es, wie es kommen musste. Die Turnhalle sollte dem heutigen Gerichtszentrum weichen – das Portal wurde abermals abgebaut und eingelagert, denn Schutzwürdigkeit und Wert des Baudenkmals waren den Verantwortlichen inzwischen durchaus bewusst. Eine Idee zu einem passenden Platz hatte jedoch niemand.

Fast wäre es auf dem Mindener Bauhof vergessen worden, wo es seitdem ruhte. Doch 1985 kam wieder Bewegung in die Geschichte. Die Verantwortlichen erinnerten sich an den steinernen Bogen. Restauriert und renoviert sollten Portalgewände und Tür im neu eingerichteten Bildungszentrum am Weingarten zu neuem Ansehen in des Wortes wahrster Bedeutung gelangen. An die Mitte des Südteils grenzten zwei Hallen, die abgerissen worden waren. Diese Gebäudeseite sollte nun eine Fassade mit dem Haupteingang bekommen. Hochbauamtsleiter Horst Kohl machte den Vorschlag, in den künftigen Haupteingang das „wandelnde Denkmal“ aus der Mindener Geschichte zu integrieren. Denkmalschützer Dieter Bommel schätzt ihn nicht nur dafür: „Er war ein Mann, der mit offenen Augen durch die Stadt ging.“ Um das stadtgeschichtliche Überbleibsel einerseits hervorzuheben, es andererseits aber nicht als Fremdkörper in der Fassade erscheinen zu lassen, wurde der Torbogen in Glas gefasst, womit man zugleich die Eingangshalle und das Treppenhaus des Gebäudes mit natürlichem Licht versorgte.

So nutzen seit vielen Jahren die Mindener diesen Eingang, und kaum einer ist sich dabei der Geschichte und Odyssee des alten Portals bewusst. Bleibt zu hoffen, dass der Bogen hier nun endgültig seinen Platz gefunden hat.

Rolf Graff

So geht’s zum Portal:

Das Bildungszentrum liegt am Königswall 99, der Eingang befindet sich am Durchgang zum Weingarten.

Robert Kauffeld wundert sich über den seltsamen Bolzen.

43

Rostiger Bolzen

Was soll der hier?

Viel weiß niemand über die Evangelische Kapelle Barkhausen zu erzählen. Der einfache Saalbau aus Portasandstein wurde zwischen 1530 und 1560 erbaut und 1640 durch einen mit Schieferziegeln gedeckten Dachreiter ergänzt. Das kleine Gotteshaus liegt in dem idyllischen Kapellenwinkel und bietet etwa 60 Personen Platz. Das Gemeindeleben findet seit 1899 in der in jenem Jahr neu geweihten Kirche des Dorfes statt. Robert Kauffeld, der in Barkhausen aufwuchs, berichtet: „Die Kapelle wird heute noch gern für besondere Gottesdienste, Feiern und Trauungen genutzt." Er erinnert sich noch daran, dass die Beerdigung seiner Großmutter von hier ausging und er vor einigen Jahren als Gast bei einer Goldenen Hochzeit in der Kapelle war. Umgeben ist das Gelände des Kirchleins von einer Mauer aus roh gehauenen Bruchsteinen. Ein Gedenkstein erinnert an Frau und Sohn des schwedischen Obersten von Pless, die beide 1639 in diesem Dorf verstorben sind. Einige verwitterte Grabsteine aus dem 19. Jahrhundert finden sich auf dem kleinen alten Friedhof. Und dann ist da noch ein geheimnisvoller kleiner Metallbolzen, der ebenso wie die Kapelle unter Denkmalschutz steht.

Viele sind sicher daran vorbeigelaufen, ohne ihn überhaupt zu bemerken. Und die ihn gesehen haben, haben sich wahrscheinlich gefragt, was dieser rostige Bolzen auf etwa einem halben Meter Höhe in der Wand der Kapelle, nicht unweit einiger rätselhafter Wetzrillen, zu bedeuten hat. Man könnte vermuten, dass es sich um das Endstück eines Rohrs handelt, das hier einmal verlief und einst eine heute unbekannte Funktion hatte. Auch Robert Kauffeld, der mehrere Bücher und Artikel über die Geschichte Barkhausens geschrieben hat, war ratlos. Mit viel Mühe konnte er *Königl. Preuss. Landes-Aufnahme* in der oberen Hälfte lesen. Es geht also offenbar um Vermessungen.

Die Lösung findet sich nach Recherchen im Internet: Es handelt sich bei dem Relikt um einen Nivellementpunkt, auch Höhenfestpunkt genannt. Die ursprüngliche, nicht mehr lesbare Beschriftung in der unteren Hälfte lautete „Meter über Normalnull", geschrieben ohne Leerzeichen. In der Mitte fand man die hier gemessenen Lagekoordinaten, die unter dem Rost auch nicht mehr zu erkennen sind. „Solche Messungen waren für einen Ort wie Barkhausen mit Hanglage zum Wiehengebirge wohl besonders wichtig", überlegt Kauffeld.

„Solche Messungen waren für einen Ort wie Barkhausen mit Hanglage zum Wiehengebirge wohl besonders wichtig."

Wer genau hinsieht, entdeckt eine ganze Reihe solcher Punkte, meist an öffentlichen Gebäuden, wie Kirchen, Brücken oder Schulen. Diese Markierungen, von den Mitarbeitern der heutigen Vermessungsämter im Dienstalltag kurz Höhenbolzen genannt, dienten damals wie heute der Messung von Höhenunterschieden. Ingenieure nutzten sie zur Berechnung waagerechter Flächen für den Bau von

Gebäuden. Auch im Straßenbau halfen sie, das Gefälle von Verkehrswegen zu bestimmen.

Das 1870 gegründete Zentraldirektorium der Vermessungen im Preußischen Staat legte das Arbeitsprogramm für die 1875 geschaffene Königlich Preußische Landesaufnahme fest. Es ging um die Koordination der trigonometrischen Punkte mit den Höhen der Nivellementpunkte und diversen Kartenwerken. Die vorhandenen, für militärische Zwecke genutzten Karten waren zu ungenau, denn immer mehr verlangten Wirtschaft, Fabrikation und Bauwesen nach exakten Karten. Eingetragen wurden die Koordinaten und das Entstehungsjahr der Punkte in einer Lageskizze. Bezug war das Normalnullniveau, oft gleichgesetzt mit „über dem Meeresspiegel". Das einheitliche Bezugsniveau des Nullpunkts war der Amsterdamer Pegel, der den mittleren Wasserspiegel der Nordsee beschrieb.

Inzwischen wurde das System angepasst an das genaue „Normalhöhennull", das auch das Schwerefeld der Erde berücksichtigt und an das europäische Nivellementnetz angebunden ist. Dessen Bezugshöhe ist fixiert über den Nivellementpunkt an der Neuen St. Alexanderkirche in Wallenhorst bei Osnabrück, der genauso aussieht wie der an der Kapelle in Barkhausen. Insgesamt 3.307 Kartenblätter im Maßstab 1:25.000 entstanden bei der damaligen Neuaufnahme der Preußen. Die dabei erarbeiteten Messtischblätter sind noch heute Grundlage solcher topografischen Karten, die auch die Höhenlage der Barkhauser Kapelle erkennen lassen.

Rolf Graff

So geht's zum rostigen Bolzen:

Die Kapelle steht in Barkhausen im „Kapellenwinkel". Der Bolzen steckt links in der hinteren Seitenmauer.

Carsten Korfesmeyer weiß, warum inzwischen sieben Betonpfeiler der ehemaligen Erzbahnbrücke in der Landschaft stehen.

44

Betonpfeiler

Prominente Häupter auf Portas grüner Brücke

Mitten in den Weserwiesen bei Neesen stehen sieben Betonpfeiler aufgereiht und scheinbar sinnlos in der Landschaft. „Sie gehören zur Grünen Brücke", sagt Carsten Korfesmeyer, der in Barkhausen auf der anderen Weserseite aufgewachsen ist. Der Journalist weiß, wie es dazu kam, dass inzwischen sieben Pfeiler fast wie die sieben Schwestern der griechischen Mythologie, die Plejaden, isoliert zwischen dem Ortsrand und dem Fluss stehen. Denn er hat miterlebt, wie sich Fremde im Dezember 2013 anschickten, die 300 Meter lange Brücke Brückenbogen für Brückenbogen zu zerlegen und den Stahl abzutransportieren.

„Mit einfachen Mitteln zerlegten zwei Männer Teile der Brücke und warfen sie auf einen Lkw", erinnert sich der Journalist, der schon viel Wundersames in seinem Leben gesehen hat. Im ersten Moment hielt er die Männer für Schrottdiebe. Doch bei dem Duo handelte es sich um Gastronomen aus Niedersachsen, die die Brücke samt 33.000 Quadratmetern Gelände von einer Bahntochter gekauft hatten, wie sich bei Recherchen herausstellte. Aber weder die Deutsche Bahn noch die Stadt Porta Westfalica wussten anfangs von der Abbruchaktion.

Mehrfach berichtete Carsten Korfesmeyer für das *Mindener Tageblatt* über den Fortgang des Abrisses, den die Gastronomen eigentlich nach einem Jahr abgeschlossen haben wollten. Doch inzwischen sind sieben Jahre vergangen, und noch immer überspannt der rostig-grüne Hauptbogen der Eisenbahnbrücke die Weser.

Gebaut worden war die Brücke als letzte von vier Eisenbahnbrücken über die Weser in der Region im Jahr 1938. Im Zuge der Autarkiebestrebungen des Vier-Jahres-Planes, den die Nationalsozialisten im August 1936 aufgestellt hatten, sollten Erzvorkommen in einem neuen Bergwerk in Uphausen, am Nordhang des Wiehengebirges, ausgebeutet werden. Zum Transport des Erzgesteins wurde die Stichbahn von der Hauptlinie Minden-Porta Richtung Westen gebaut.

Hintereinander ragen die Betonpfeiler aus den Weserwiesen bei Neesen.

Bis 1964 rollten Erzwaggons, dann waren die Vorkommen erschöpft und die Grube wurde geschlossen. Aus dem Bergwerk wurde der Freizeit- und Vergnügungspark „potts park". Die in Minden ansässige Versuchsanstalt des Bundesbahnzentralamtes nutzte den Abzweig nach Häverstädt noch eine Weile lang als Teststrecke. 1976 war auch damit Schluss: Die Strecke wurde endgültig stillgelegt.

Eine gewisse Prominenz erhielt die Nebenstrecke Mitte der 1950er-Jahre durch Bundeskanzler Konrad Adenauer (1876-1967) und König Paul I. von Griechenland (1901-1964). „Adenauers Sonderzug war, von Hannover kommend, in der Nacht auf den 13. Februar 1955, einem Sonntag, im Bereich des Bahnhofs Häverstädt auf dem Gleis der Erzbahn abgestellt", erzählt Carsten Korfesmeyer. Der damals schon 78-jährige Staatsmann legte auch auf Reisen Wert auf geruhsamen Schlaf. Ein Jahr später rollte der Sonderzug des griechischen Königspaares am Morgen des 20. September 1956 zweimal über die Grüne Brücke, um zwei Stunden lang in Häverstädt einen Zwischenstopp vor der Weiterfahrt nach Hannover einzulegen. Im Bahnhof Minden wurden im Anschluss noch die Lokomotiven gewechselt.

Stärker frequentiert wurde die Brücke in späteren Jahren verbotenerweise von Jugendlichen aus Barkhausen und Neesen, für die dies die kürzeste Verbindung war, um zu Altersgenossen, bevorzugt des anderen Geschlechts, zu gelangen. Der Weg zu Fuß über den Fluss war aber kein ganz ungefährliches Unterfangen.

Heute fragen sich Beobachter, ob die sieben allein in der Gegend stehenden Betonpfeiler wohl auch irgendwann mal abgerissen werden. „Vielleicht kommt aber noch ein achter oder neunter dazu", mutmaßt Carsten Korfesmeyer. Das wäre dann der Fall, wenn auch die letzten Bögen noch abgebaut würden: Schrott zum Abtransport wäre also noch vorhanden.

Jürgen Langenkämper

So geht's zu den Betonpfeilern:

Die Erzbahnbrücke überquerte die Straße Kalte Hude im Portaner Ortsteil Neesen. Von dort sind die Relikte am besten zu sehen.

Stein Nr. 12 steht seit einer Grenzbegradigung nicht mehr auf der Landesgrenze.

45

Grenzstein Nr. 12

Einer tanzt aus der Reihe

Grenzstreitigkeiten gehörten für die Menschen früherer Jahrhunderte fast schon zum Alltag. Der Grenzverlauf war vielfach unklar und jeder Quadratmeter Boden kostbar, ob als Weideland für das eigene Vieh oder um dort Plaggen zu stechen. Immer wieder entbrannten Kämpfe insbesondere entlang der Grenze des damaligen Fürstentums Minden, des heutigen Kreises Minden-Lübbecke, und des Kurfürstentums Hannover. Heftig ging es bei den Auseinandersetzungen zwischen den Bürgern des Fleckens Wiedensahl und den Dörfern im Amt Windheim zu. Mal trieben die einen die Kühe der anderen fort, weil sie auf dem selbst beanspruchten Territorium weideten, mal wurden den Gegnern die Plaggenmesser abgenommen, mit denen diese im Grenzland Oberboden stachen, um ihn als Einstreu in den Ställen oder als Dünger zu nutzen.

Für jedermann klar ersichtlich wurde der Grenzverlauf erst, als

Preußen und Hannover sich in einem Staatsvertrag einigten und Grenzsteine aufstellten. „Dies ist der letzte Grenzstein auf Rosenhäger Gebiet", sagt der frühere Ortsheimatpfleger Gerhard Jacke an der Brücke über die Ils, den kleinen Bach, dessen Wasser über die Gehle in die Weser fließt. Es ist jene Brücke, in die Wilhelm Busch seine Lausbuben Max und Moritz in ihrem dritten Streich eine Lücke sägen lässt, wie Jacke weiß. „Auf der einen Seite des Grenzsteins steht ein H für Hannover mit der Jahreszahl 1837 und auf der anderen ein P für Preußen mit einer Nummer." In diesem Fall ist es die 26. Die beiden souveränen Staaten hatten am 25. November 1837 den Vertrag über ihre Hoheitsgrenze unterzeichnet, „und Grenzsteine schieden fortan das Eigentum und die Berechtigungen der benachbarten Orte", wie Pastor Albert Hahn 1898 in seiner *Geschichte des im Stiftsbezirke Lokkum gelegenen Flekkens Wiedensahl* schrieb.

Gerhard Jacke zeigt Grenzstein Nr. 26. Das H steht auf der Hannoverschen Seite. Die Jahreszahl 1837 steht für das Jahr des Grenzvertrages mit Preußen.

„In der Folgezeit wurden auf einer Länge von rund 200 Kilometern 590 Grenzsteine auf der Grenzlinie zwischen Raderhorst und Bad Laer am Teutoburger Wald südlich von Osnabrück aufgestellt", sagt der ehemalige Ortsheimatpfleger von Rosenhagen. Die Zählung beginnt in der Gemarkung des Nachbardorfes Raderhorst mit dem Grenzstein Nr. 1 an der früheren Landwehr am Schaumburger Wald, wo einst die Königreiche Preußen und Hannover mit dem Fürstentum Schaumburg-Lippe aneinanderstießen. Im Bereich von Rosenhagen stehen die Steine 12 bis 26.

Jacke fordert den Erhalt der Grenzsteine mit Nachdruck und will sie in die Bodendenkmalliste eintragen lassen. Denn die Grenzsteine sind in Gefahr. „Im Sommer 2016 wurden die Steine Nr. 21 und 22 stark beschädigt", beklagt Jacke. Er benachrichtigte auch die Katasterämter in Minden und Bückeburg. Das Entfernen und Versetzen von Grenzsteinen ist schließlich keine Bagatelle. „Dafür wurden Täter früher auch schon mal bis zum Hals eingegraben und ihnen der Kopf abgepflügt", hat Jacke gelesen – auch wenn eine derart drakonische Strafe in dieser Region seit Menschengedenken nicht verhängt worden ist.

„Im Sommer 2016 wurden die Steine Nr. 21 und 22 stark beschädigt."

Inzwischen steht der erste Grenzstein in Jackes früherem Beritt, der mit der Nummer 12, tatsächlich nicht mehr auf der Grenze, was vielen gar nicht bekannt ist. Doch das liegt nicht daran, dass der Stein versetzt worden wäre, sondern vielmehr wurde die Grenze verschoben. „1998 einigten sich die Länder Niedersachsen und Nordrhein-Westfalen in einem Staatsvertrag über eine Begradigung des Grenzverlaufs", erzählt Gerhard Jacke. Insgesamt wuchs die Stadt Petershagen, zu der Rosenhagen seit 1973 gehört, um 5.812 Quadratmeter. Die meisten Steine markieren auch weiterhin die Grenze. Aber für den Grenzstein Nr. 12 hatte der Staatsvertrag Folgen: Tanzt er doch durch die Grenzbegradigung jetzt aus der Reihe. Er steht im Schatten der Bäume an der südwestlichen Ecke eines Wäldchens neben der Straße Rosenhäger Bruch und hat seine Funktion verloren.

Jürgen Langenkämper

So geht's zu den Grenzsteinen:

Nr. 12 steht als erster Grenzstein in Rosenhagen in der südwestlichen Ecke eines kleinen Wäldchens an der Straße Rosenhäger Bruch nahe den Straßen Lütke Klanhorst (Raderhorst) und Pinkenbruchgraben (Wiedensahl).
Nr. 26 steht als letzter Grenzstein auf Rosenhäger Gebiet am Kollweg, der zu Wiedensahl gehört, neben der Brücke über die Ils.

Ulrich Büsing (links), Mitarbeiter beim LANUV Nordrhein-Westfalen, und Wasserbauingenieur Norbert Weinert kennen sich mit der Pegelmessung gut aus.

46

Rondell

Aussichtsplattform mit Vergangenheit

Jeder Mindener kennt das kleine Sandstein-Rondell an der Weserpromenade und hat von dort aus wahrscheinlich schon einmal den schönen Blick auf den Fluss bis zur Porta Westfalica mit Fernsehturm und Kaiser-Wilhelm-Denkmal genossen. Bereits seit den 1950er-Jahren besteht die kleine Aussichtsplattform, deren Fundament einige Meter in die Tiefe geht. Die wenigsten wissen aber, dass dieses Bauwerk davor zugleich ein Turm und ein Brunnen war, der 1950, weil er in seinem verfallenen Zustand einen unschönen Eindruck machte, nach Abtragung des oberen Teils zum Aussichtsrondell umgestaltet wurde.

Auch als der Turm noch unversehrt war, verstanden die meisten Mindener nicht, wozu er diente. Im Volksmund und auf Ansichtskarten wurde er auch Juliusturm genannt. Namenspatron war der Juliusturm der Zitadelle von Spandau, der zuerst als Gefängnis diente. Hier ließ Reichskanzler Otto von Bismarck (1815-1898) nach dem Deutsch-Französischen Krieg 1871 die im Frieden von Frankfurt mit den Franzosen ausgehandelte Reparationsleistung von 5 Milliarden Francs in 120 Millionen Feingoldstücken einlagern. Da dieser Reichskriegsschatz nach Ansicht vieler Politiker und Bürger gehortet und nicht für notwendige Staatsleistungen eingesetzt wurde, wurde „Juliusturm" zum geflügelten Wort für zurückgehaltene Geldreserven, das bis in die Nachkriegszeit in Debatten gebraucht wurde.

Das war wohl auch in Minden der Grund für den Spitznamen des kleinen Gebäudes und hat vermutlich zudem mit dem königlichen Steuerempfänger Rechnungsrat Fahrenkamp zu tun, der zunächst in der Simeonstraße und dann auf dem Weingarten lebte und tatsächlich einen direkten Bezug zum Spandauer Juliusturm hatte. Von ihm erzählte man sich, er habe die französische Kriegsentschädigung von Frankreich nach Spandau in den Juliusturm transportiert. Einzelheiten sind anscheinend nicht überliefert. Fahrenkamp war es auch, dem die Mindener ihre Steuern zahlen mussten. So vermutete vielleicht mancher Einheimische, ernsthaft oder nicht, der Rechnungsrat horte in dem kleinen Türmchen die Abgaben der Mindener Steuerzahler, und sie gaben ihm so scherzhaft diesen Namen: Juliusturm.

Welche Funktion hatte der rätselhafte Turm aber tatsächlich, aus dem bei Stille viele Passanten ein dumpfes Ticken zu vernehmen meinten? Das *Mindener Tageblatt* kümmerte sich um die Fakten und sorgte Ende 1929 deshalb für Aufklärung. Autor „G." schrieb darüber und fand einen poetischen Einstieg: „Wir kennen ihn alle, den kleinen runden Turm im Weserglacis, den Turm mit dem spitzen Dach und der Wendeltreppe, der kleinen Balustrade und den niedrigen Fenstern oben. Er sieht aus wie ein kleiner Leuchtturm, doch noch niemals ist ein Strahl aus seinen blinden Fenstern gefallen, den Weserschiffen den Weg zu weisen und ihnen traulich als Wahrzeichen Mindens in der Nacht entgegen zu leuchten."

Er berichtet weiter, einmal in der Woche schließe ein alter Mann das

Tor zum Turm auf, um über die Wendeltreppe einen kleinen Raum zu betreten, zu dem kein anderer Mindener Zugang habe. Er würde dann immer eine Zeit lang dort verharren, um sich alsbald wieder auf den Weg durch das Glacis zu machen. Erst eine Woche danach kehre er wieder zurück.

Dann kam der Berichterstatter zur Sache und erklärte den wahren Zweck des Türmchens: „Das ist der Mindener Pegelturm, der über einem Brunnen erbaut ist und im Turmstübchen eine Apparatur enthält, die den jeweiligen Wasserstand aufzeichnet und selbsttätig die Flutkurven der Weser registriert. Unter dem Turm im Brunnen, der stets den gleichen Wasserstand hat wie die Weser, hängt ein Schwimmer. Das Fallen und Steigen wird durch die Schwimmerschnur auf eine Walze übertragen, die in der Woche sich einmal dreht und auf dem aufgespannten Papier Tag, Stunde und jeweiligen Wasserstand erkennen lässt."

Das Aussichtsrondell lädt ein zum Blick auf die Porta Westfalica.

Die Aufgabe des rätselhaften Besuchers war es also, die wöchentliche Flutkurve zu kontrollieren, die Aufzeichnungen mitzunehmen, um sie zu archivieren, und ein neues Blatt auf die Walze zu spannen. Das Ticken, das Spaziergänger dort gehört haben, war der Gang des Uhrwerks der Kontrolluhr, die wöchentlich wieder aufgezogen wurde.

Die Pegelmessung wurde schon 1936 an die Porta Westfalica nach Lerbeck verlegt. Auf die Werte des Pegels Porta greifen auch heute noch verschiedene Institute zu. Das Türmchen dort ist ähnlich, der sichtbare Teil allerdings weniger hoch.

Seit 2015 gibt es nicht weit vom Rondell an der Weserbrücke übrigens wieder einen Pegel mit historischen Daten. Die Weserfreunde e.V.

haben ihn installiert, damit die Mindener und Gäste, die die Stadt besuchen, nun auch die Möglichkeit haben, die höchsten Wasserstände der Vergangenheit einzusehen. Zudem haben sie unter der Weserbrücke einen Radar-Sensor installiert. Ulrich Büsing, Mitarbeiter beim Landesamt für Natur, Umwelt und Verbraucherschutz Nordrhein-Westfalen (LANUV), und Wasserbauingenieur Norbert Weinert hatten sich für den neuen Weserpegel eingesetzt und betreuen ihn. Er misst ständig die Höhe der Weser und überträgt den Wert auf die Webseite der Weserfreunde. So kann der Besucher schon erkennen, ob er noch an der Weser parken kann und ob die Neeser Chaussee entlang der Weser noch befahrbar ist.

Büsing und Weinert sind überzeugt: „Flüsse leben. Ihre Lebensäußerung ist das Steigen und Fallen des Wasserspiegels. Dieses Leben wird mit einem Pegel erst sichtbar." Beide könnten ihren Beruf nicht ohne Pegeldaten ausüben. Diese braucht nicht nur die Schifffahrt. Beispielsweise auch beim Bau von Fischtreppen sind die durchschnittlichen Wasserstände notwendig, um die Höhe dieser Stufen so zu berechnen, dass sie für die Fische an mindestens 300 Tagen im Jahr passierbar sind. Ulrich Büsing präzisiert: „Pegel sind in der Hydrologie das unverzichtbare Instrument zur verlässlichen Bilanzierung der Wasserhaushaltsgleichung N = A + V – Niederschlag = Abfluss + Verdunstung." Deren Entwicklung lässt sich so über viele Jahrzehnte bis zu den Ursprüngen unseres Rondells zurückverfolgen. Damit sind diese Zahlen auch wertvolle Datenlieferanten für Klimaforscher. So führen die Ingenieure heute mit modernen Mitteln das weiter, was mit dem kleinen Pegeltürmchen begann.

Rolf Graff

So geht's zum Rondell:

Vom Parkplatz Schlagde aus geht man unter der Weserbrücke hindurch auf die Weserpromenade und findet dort nach wenigen Metern links den neuen Pegel und nach etwa 200 Metern das Rondell.

Reinhold Kölling hat sich intensiv mit dem Fährunglück befasst, durch das Veltheim 1925 traurige Berühmtheit erlangte.

47

Denkmal

Dienst nach Vorschrift

Der Platz, malerisch an der Weser gelegen, strahlt eine ganz besondere Ruhe aus. Das liegt auch daran, dass hier nur wenige Menschen unterwegs sind. Das war am 31. März 1925 ganz anders: Damals versammelten sich Hunderte an diesem Ort, um einem Manöver der Reichswehr beizuwohnen. „Das war, so kurz nach dem Ersten Weltkrieg, ein Ereignis. Wer von den Veltheimern konnte, war dabei", erzählt Reinhold Kölling, Ortsheimatpfleger in dem Dorf, das damals rund 2.000 Einwohner zählte. Unvergesslich wurde dieses Manöver. Allerdings auf andere Weise, als die Dorfbewohner sich das vorgestellt hatten. An diesem Dienstag wurden sie Zeugen einer Tragödie, die 81 Männer das Leben kostete. Daran erinnert ein Denkmal an der Unglücksstelle.

Das Monument ist groß, geradezu riesig für ein Dorf. Eine Treppe führt am Ende des Weges „Zur Veltheimer Fähre“ zu dem Rondell hinauf, auf dem es steht. Allein schon der giebelförmige Gedenkstein geht Reinhold Kölling bis über die Schulter. Darauf steht in großen Lettern geschrieben: *Dem Andenken der 81 deutschen Männer, die der Strom am 31. März 1925 bei einer militärischen Übung verschlang. Die 6. Division.* Hinter dem Stein ragt ein rund sieben Meter hoher Obelisk mit einem Kreuz auf der Spitze gefühlt bis in den Himmel empor. Wer hier steht, der ahnt, dass es mit diesem Denkmal eine besondere Bewandtnis hat.

Reinhold Kölling weiß, dass die Weser an dieser Stelle ihre Tücken hat. Er hat die Geschichte des größten Unglücks, das der Ort im südlichen Porta Westfalica je erlebt hat, aufgearbeitet. Wenn er davon erzählt, scheint alles um einen herum vergessen zu sein. Der traumhafte Blick auf den Fluss und die Wiesen auf der anderen Weserseite wird zur Nebensache. Die Fähre, die einsam am Ufer liegt und in den Sommermonaten Wander- und Radtouristen zum Südufer im Kreis Lippe hinübersetzt, erscheint plötzlich in einem anderen Licht. Denn für die Männer, die von dort aus am 31. März 1925 eine Überquerung der Weser nach Veltheim versuchten, war die Überfahrt alles andere als ein Vergnügen. „Sie endete in einer unfassbaren Katastrophe“, erzählt der Veltheimer Ortsheimatpfleger, der als Zwölfjähriger seine Leidenschaft für Heimatgeschichte entdeckte. Das Fährunglück von damals berührt ihn bis heute, und er hat sich auf Spurensuche begeben, um zu verstehen, wie es dazu kommen konnte.

Wie er herausgefunden hat, war am 31. März 1925 für den Wehrkreis 6 der Reichswehr im Rahmen einer militärischen Übung eine Weserüberquerung angesetzt. „Zusammen mit den Mindener Pionieren wurde vereinbart, bei Veltheim über die Weser zu gehen“, berichtet Kölling, der mehrere Chroniken zur Geschichte des Dorfes verfasst hat. Schon seit sehr langer Zeit befindet sich dort eine Fährstelle. Diese wurde 1786 durch einen Fährpachtkontrakt mit dem damaligen König von Preußen legitimiert, hatte aber bereits zuvor bestanden. „Seit 1924 betrieb sie der Veltheimer Fährmann Huck, der auch im Fährhaus am

Anleger wohnte." Auf einer sogenannten Gierfähre, die ohne Motor auskommt, weil sie die Strömung des Flusses ausnutzt und an langen Seilen hängt, transportierte der Fährmann Menschen, Tiere und Waren von der einen zur anderen Weserseite.

Auch die Mindener Pioniere hatten für das Manöver eine Gierfähre gebaut. „Aus vier Pontons, die durch Balken miteinander verbunden und mit Holzbohlen belegt waren. Die erste Überfahrt mit 24 Mann verlief ohne Probleme", erzählt Kölling. Eine der nächsten Fahrten aber wurde für mehr als dreimal so viele Männer zu einer Todesfahrt. „Das Ausbildungsbataillon aus Detmold hatte sich verspätet, und es herrschte große Eile." Sage und schreibe 167 Mann drängten auf die Fähre. Fährmann Huck soll das Geschehen zusammen mit seinem Freund Tellermann von der Veltheimer Seite aus argwöhnisch beobachtet haben. Der Fährmann hielt die Strömung an dieser Stelle ohnehin für gefährlich, dazu kam, dass die Weser Hochwasser führte. Vorsorglich machten die beiden Männer die Veltheimer Fähre startklar, die wegen des Manövers an diesem Tag nicht verkehren durfte.

Genau in diesem Moment ereignete sich das Unglück, das sie hatten kommen sehen. Als die Ponton-Fähre die Hälfte des Weges schon zurückgelegt hatte, geriet sie ins Straucheln – und mit ihr die Mannschaft, die sich in voller Montur mit Marschgepäck und bepackt mit Gewehren darauf befand. In einen offenen Ponton, also einen der Schwimmkörper der Fähre, war Wasser eingedrungen, woraufhin die Männer in Panik gerieten und sich ungleichmäßig auf der Fähre verteilten. Diese sackte an einer Ecke ab und riss die ersten Männer in den Fluss. Ein Teil der Mannschaft versuchte, sich auf den Bereich der sinkenden Fähre zu retten, der noch Oberwasser hatte. Doch die Fähre versank in den Fluten. Der Fährmann und sein Freund konnten durch ihr umsichtiges Verhalten viele Soldaten vor dem Ertrinken retten, für 80 Kameraden und einen Zivilisten allerdings kam jede Hilfe zu spät. „Selbst geübte Schwimmer haben an dieser Stelle große Probleme", sagt Reinhold Kölling, „und ein Großteil der Männer hatte keine Schwimmausbildung." Das hat er der damaligen Berichterstattung entnommen und den Akten der späteren Gerichtsverhandlungen zu dem Unglück, das Veltheim auf tragische Weise weltweit bekannt machte. „Erst 24 Tage später wurde das letzte Opfer gefunden."

Die Tragödie von Veltheim war die größte Katastrophe der Reichswehr in Friedenszeiten. Und sie schlug hohe Wellen. Nach dem Ersten Weltkrieg (1914-1918) hatte sich Deutschland im Friedensvertrag von Versailles 1919 zur Abrüstung verpflichtet. Zu den Bestimmungen gehörte, dass die Truppenstärke des deutschen Heeres auf höchstens 100.000 Mann begrenzt war. „Das war der Reichswehr zu wenig, und sie soll zusätzlich illegale Zeitfreiwillige rekrutiert haben. Zwei Journalisten haben herausgefunden, dass bei der Weser-Übung Zeitfreiwillige eingesetzt wurden. Sie wurden 1928 im sogenannten Ponton-Prozess zu je neun Monaten Gefängnis wegen Landesverrats verurteilt", berichtet Kölling. Angeklagt wurde auch der für den Ablauf der Übung verantwortliche Oberstleutnant Jordan. Knapp drei Monate nach dem Unglück wurde er vor dem Schöffengericht in Minden vom Vorwurf der fahrlässigen Tötung freigesprochen. „Das Gericht stellte fest, dass er konsequent nach Dienstvorschrift gehandelt hatte und der Fehler in der veralteten Dienstordnung lag." Für die Rekonstruktion des Unglücks war die Gierfähre noch einmal nachgebaut und einer Belastungsprobe unterzogen worden. Dabei zeigte sich, dass sie höchstens einhundert Mann hätte aufnehmen dürfen. Entgegen der Vorschriften, die daraufhin geändert wurden. Für die 81 Todesopfer kam diese Einsicht zu spät.

„Das Gericht stellte fest, dass er konsequent nach Dienstvorschrift gehandelt hatte und der Fehler in der veralteten Dienstordnung lag."

Kerstin Rickert

So geht's zum Denkmal:

Es befindet sich in Veltheim an der Weser am Ende der Straße „Zur Veltheimer Fähre" auf einem Rondell.

Schienen

Not macht erfinderisch

Manchmal lohnt es, Orte, an denen man normalerweise achtlos vorbeigeht, genauer zu betrachten. In Minden am Königswall zwischen Königstraße und Rodenbecker Straße etwa ist das der Fall. Es lohnt sich, hier auch mal entspannt entlangzugehen und den Blick schweifen zu lassen. Denn an dem Eingang zum Haus mit der Nummer 20 lässt sich ein interessantes Überbleibsel aus der Vergangenheit entdecken.

Was zuerst auffällt, ist das schwarze schmiedeeiserne Eingangstor, das Grundstück und öffentlichen Gehweg trennt. In handwerklich kunstvoller Arbeit ist es mit Blüten und Ranken versehen: ein Prachtwerk der Schmiedekunst. Fast lenkt es davon ab, dass sich in dem Weg, der vom Tor zum Hauseingang führt, etwas Schwarzes befindet, das ebenfalls unverkennbar aus Metall gefertigt ist: Schienen. Sie beginnen kurz hinter dem Tor und laufen nach wenigen Metern ins Leere. Nichts deutet darauf hin, welchen Sinn sie haben könnten. Doch sie sind da, und das augenscheinlich schon länger. Vermutlich handelt es sich bei ihnen aber nicht um Eisenbahnschienen und auch nicht um Reste aus der Zeit, als durch Minden noch eine Straßenbahn fuhr. Eine Bahnstrecke in jedweder Form verlief an dieser Stelle nie. Könnte vielleicht ein Eisenbahn-Fan die Schienen hier platziert haben? Kaum, denn für echte Eisenbahnschienen sind diese hier zu zierlich.

Es gibt aber eine Erklärung! Und die liefert ein Blick in die *Bau- und Kunstdenkmäler von Westfalen, Band 50, Stadt Minden*. Dort ist nämlich vermerkt, dass 1900/01 auf dem rückwärtigen Teil des Grundstücks ein Lagerhaus errichtet wurde, und zwar für den Papiergroßhändler Heinrich Ferdinand Lange. Und es befindet sich darin auch noch einen Hinweis auf den Bau eines Pferdestalls im Jahre 1905.

Papier in großer Menge hat ein ordentliches Gewicht, und als Großhändler bekam Lange vermutlich regelmäßig schwere Papierrollen angeliefert. Nachdem 1902 auf dem vorderen Teil des Grundstücks

Diese Schienen führen ins Leere – und in die Vergangenheit.

das große Wohnhaus errichtet worden war, das dort heute noch steht, blieb nur noch ein schmaler Durchgang, den Pferdefuhrwerke nicht passieren konnten. Die Lieferungen mussten nun also von der Straße nach hinten ins Lagerhaus geschafft werden. Sie zu tragen, dürfte selbst für kräftige Lagerarbeiter kaum zu bewältigen gewesen sein. Und so verlegte man Schienen und brachte die Ware auf schmalen Wagen in den Hof, und vielleicht übernahmen diese Arbeit auch Pferde.

Wie lange der Betrieb existierte, ist nicht bekannt. Aus den Jahren 1913 und 1915 jedenfalls finden sich im Archiv des *Mindener Tageblatts*, das bis 1919 als *Minden-Lübbecker Kreisblatt* erschien, Stellenanzeigen der Firma Heinr. Friedr. Lange, Papier-Großhandlung, die „zuverlässige Packer" und „Arbeiter als Packer" suchte. 1919 wurde das Lagerhaus erweitert und zu einer Druckerei umgebaut. Dann verliert sich die Spur – genauso wie die der Schienen hinter dem schmiedeeisernen Tor.

Kerstin Rickert

So geht's zu den Schienen:

Sie sind auf dem Grundstück Königswall 20 verlegt und vom Gehweg aus gut zu erkennen.

Die Haddenhauser Schlosskapelle lädt ein zum Besuch.

Schlosskapelle

49

Warum waren sie hier?

Auf dem Schlossweg zu dem stattlichen Rittergut Haddenhausen kommen die Besucher unweigerlich an der kleinen Schlosskapelle vorbei. Gegenüber dem aus Sandstein gefügten Schloss, das 1613 bis 1616 im Stil der Weserrenaissance durch die jungen Eigentümer Johann und Lucia v.d. Bussche wieder aufgebaut wurde, die dafür den berühmten Baumeister der Weserrenaissance Eberhard Wilkening verpflichteten, wirkt das kleine Kirchengebäude in flacher Hallen-Bauweise recht schlicht.

Johann von dem Bussche-Lohe und seine Frau Lucia, geborene von Münchhausen, hatten das völlig zerstörte Gut 1610 für 37.000

Taler erworben. Es war 1530 von Mindener Gegnern des vorherigen Schlossherrn Johann von Münchhausen (ca. 1466-1551), der an seinem katholischen Glauben festhielt, als Vergeltung für dessen missglückten Angriff auf Minden nach viertägiger Belagerung und Trockenlegung der Gräfte fast dem Erdboden gleich gemacht worden. Der Mindener Bischof, der auf dem Schloss Zuflucht vor den Lutheranern suchte, die in der Weserstadt herrschten, überredete Münchhausen zu dem Angriff auf Minden. „Auf der ältesten Abbildung, die von Minden bekannt ist, lässt sich Schloss Haddenhausen als qualmender Schutthaufen erkennen", berichtet Ortsheimatpfleger Peter Schumann. Johann von Münchhausen führte den Restitutionsprozess gegen die Stadt Minden und gewann ihn. Trotzdem war es ihm wohl zu viel Mühe, das Schloss in den sumpfigen Bastauwiesen anschließend wieder zu errichten. Er zog Bergkirchen als Wohnsitz vor.

Johann und Lucia von dem Bussche-Lohe bauten das Rittergut Haddenhausen neu auf und nannten sich seit diesem Zeitpunkt v.d. Bussche-Haddenhausen. Mitten im Dreißigjährigen Krieg konnte Lucia 1624 die Einweihung der kleinen Kapelle feiern, die sie errichtet hatte, um für ihren Mann zu beten, der sich auf einer Pilgerreise nach Jerusalem befand. Auch den Dorfbewohnern stand der Raum für Gottesdienste, kirchliche Feste, Gebete und geistliche Besinnung offen. Sogar ein Hofprediger wurde eingestellt. „Die kleine Kapelle ist von Anfang an immer evangelisch gewesen", berichtet die heutige Schlossherrin Dr. Susanne Freifrau von dem Bussche-Haddenhausen. Übrigens ist die Grabplatte von Lucia heute in der östlichen Außenfassade der St. Marienkirche in Minden eingebaut.

Die Nachfahren von Johann und Lucia konnten den landwirtschaftlichen Betrieb nicht halten, deshalb übernahm 1708 das von dem Bussche-Hünnefeld'sche Stammlegat, eine der ältesten Familienstiftungen, den gesamten Besitz.

Das Ehepaar Boris Freiherr und Dr. Susanne Freifrau von dem Bussche-Haddenhausen ist 300 Jahre später wieder der erste Einzelbesitzer der Hofstelle, des Schlosses und der Kapelle und hat inzwischen viel zur Renovierung des Besitzes geleistet. Die Kapelle ist ein wichtiger Teil des evangelischen Gemeindelebens von Haddenhausen und Rothenuffeln. Regelmäßig werden hier Gottesdienste abgehalten und auch für Taufen, Jubiläen, Hochzeiten oder kleine Konzerte bietet die schöne, atmosphärische Kirche Raum. „Wer hier einmal einen Gottesdienst erlebt hat, kommt immer wieder“, schwärmt die Ortsheimatpflegerin Susanne Schumann.

Im Inneren wirkt die Kapelle deutlich weniger schlicht, als das von außen zu erwarten ist. Sie ist auch nach fast 400 Jahren seit der Erbauung komplett erhalten. Damals wurde nicht gespart, wie schon die schöne, mit Rosetten verzierte Stuckbalkendecke zeigt. Der Altar zeigt ein Gemälde mit Jesus Christus in Siegerhaltung unter dem Schriftzug *Ich lebe und auch ihr sollt leben*. Unter dem Bild liest man die Einsetzungsworte zum Abendmahl. Hinsichtlich der Gestaltung wirkt der Altar mit seinen beiden verzierten Säulen und den seitlichen Ornamenten wie eine schlichtere Ausgabe des Altars von St. Simeonis in Minden.

In den Ecken über dem Bild befinden sich zwei Putten und darüber zwei Figuren. Ähnliche Putten sieht der Betrachter auch unten an der Seitenempore, die der Herrschaft vorbehalten war und über eine kleine Außentreppe mit separater Tür betreten wurde. Sie erinnern mit ihren Locken und ihrer Haartolle an Engelsköpfe aus gleicher Zeit, die sich in Minden an vielen Orten finden lassen, so auch an der Kanzel von St. Marien, die von der Werkstatt des Bildhauers Johann Schwarte gestaltet wurde. Auch Orgel und Kanzel erfreuen die Augen mit schöner Ornamentik.

Wenn man auf einer der Holzbänke Platz nimmt, kann man sich in der Fantasie vorstellen, wie einst der evangelische Hofprediger, der hier seinen Dienst tat, durch den Gottesdienst führte. Vielleicht konnte er nicht immer jeden fesseln? Oder zwei wahrscheinlich noch junge Männer schlichen sich außerhalb des Gottesdienstes in die Kapelle? So ritzten sie 1685 ihre Namen in die Rückseite der Lehne ihrer Vorderbank. Zu lesen ist da einmal *George Günter Aur Berlin Anno 1685* und links daneben *Christian ...egev*, teilweise durch einen anderen „Ritzer“ unleserlich gemacht. Etwas weiter darunter lässt sich, deutlich schwächer und flüchtiger und in Versalien ausgeführt *NICULAI H* lesen, ein in Rumänien vorkommender Name, gefolgt von Unleserlichem. Weiterhin kann man noch einzelne Zahlen und Buchstaben entdecken und einen schlicht gezeichneten Vogel.

Auch an anderen Bänken finden sich Ritzereien, aber jüngeren Datums. Es erstaunt, dass die Kritzeleien nie abgeschliffen oder übermalt wurden. Ist hier noch die originale Lackierung auf den Bänken? Die Schlossherrin überlegt: „Vielleicht, denn die Kapelle wird gut von der Denkmalpflege, gemeinsam vormals mit der Familienstiftung und jetzt den neuen Eigentümern, den Nachfahren der Erbauer, im guten Dialog auch mit dem Presbyterium betreut."

Schlossherrin Dr. Susanne Freifrau von dem Bussche-Haddenhausen und die Ortsheimatpfleger Peter und Susanne Schumann spekulieren über die eingeritzten Namen (v.l.n.r.).

Eine Frage wird sich wohl nicht mehr beantworten lassen: Warum waren Christian und George Günter hier, und wer mögen sie gewesen sein? Auch die Schlossherrin Freifrau Dr. Susanne von dem Bussche-Haddenhausen und die Ortsheimatpfleger Peter und Susanne Schumann, die viel zu Schloss und Kapelle erzählen können, kennen die Hintergründe dazu nicht. Waren es vielleicht Erntehelfer, Reisende oder Soldaten des Großen Kurfürsten? Die reiche Geschichte der Region gibt jedenfalls zu vielen Spekulationen Anlass.

Rolf Graff

So geht's zur Schlosskapelle:

Von der Lübbecker Straße B65 geht es in Haddenhausen rechts in den Schlossweg.

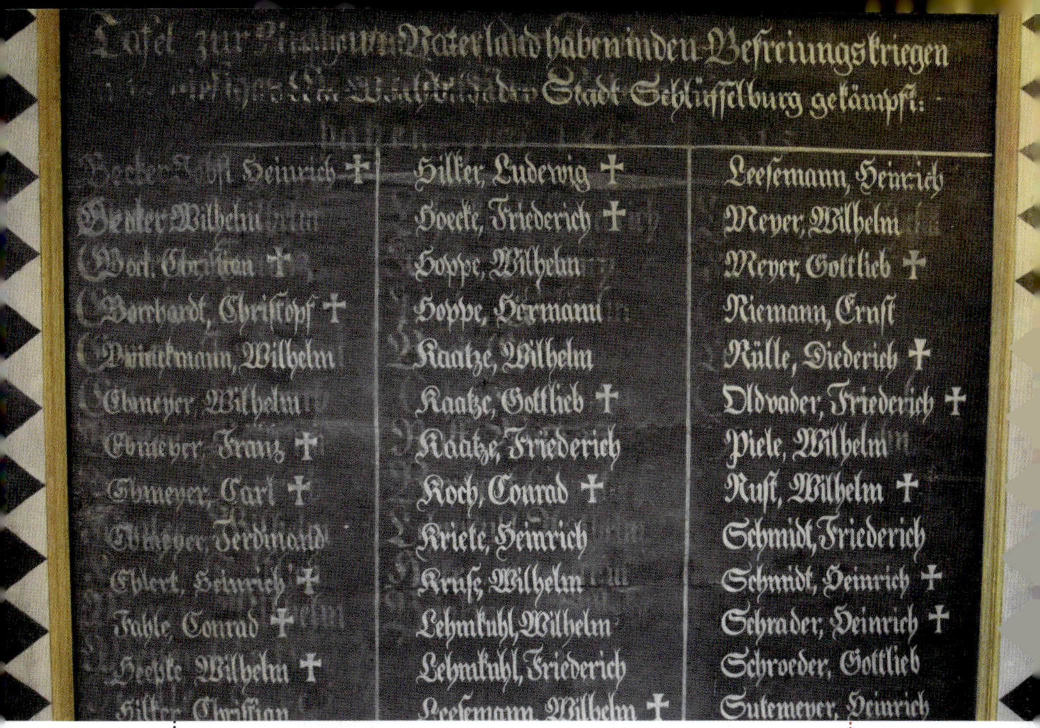

Die Gedenktafel diente als Lukentür zu einem Heuboden. Wilhelm Schröder hat sie bei einem befreundeten Landwirt entdeckt.

50

Gedenktafel

Lukentür in einer Kirche

An vielen älteren Kirchen sind sie zu finden: Gedenktafeln, die an Kriegsgefallene erinnern. Auch am Eingang zur Kirche Schlüsselburg hängen welche. 1921/22 wurden sie im Rahmen einer großen Renovierung rechts und links der Tür angebracht. Zum Gedenken an die, die im Ersten Weltkrieg (1914-1918) ihr Leben ließen. Doch eine andere Tafel wurde bei dem Umbau abgenommen – und geriet beinahe in Vergessenheit.

Als Lukentür auf einem Heuboden fand Wilhelm Schröder sie fast einhundert Jahre später – und ahnte ihren Wert. „Mein Vater hat die Tafel bei einem befreundeten Landwirt entdeckt. Sie diente als Abde-

ckung für die Luke zum Heuboden", erzählt Tochter Elisabeth Rischmüller, „die Schrift zeigte nach unten." Als der Freund 2013 verstorben war, sah Wilhelm Schröder sich die Lukentür genauer an und informierte den ehemaligen Kreisheimatpfleger Dr. Gerhard Franke und den damaligen Stadtheimatpfleger Heinrich Rötger. Und tatsächlich entpuppte sich das Fundstück als etwas ganz Besonderes: eine Gedenktafel, die an die Befreiungskriege (1813-1815) erinnert.
Dass diese früher in der Kirche gehangen hatte, kann Wilhelm Schröder nicht persönlich in Erinnerung gewesen sein. Er wurde erst 1929 geboren. „Aber irgendetwas muss sein Interesse geweckt haben", ist sich seine Tochter sicher. „Vielleicht wusste er durch die Küstertätigkeit seines Vaters, dass die Tafel früher in der Kirche hing. Oder er hatte durch seinen Beruf als Stellmacher und Schmied einfach einen Blick dafür", mutmaßt die Schlüsselburgerin. Fragen kann sie ihren Vater nicht mehr. Er verstarb im Jahr 2016, kurz nachdem die restaurierte Gedenktafel ihren Platz in der Kirche wieder zurückerhalten hatte.

Bei der Aufarbeitung der Tafel durch eine Restauratorin zeigte sich, dass die Zweckentfremdung sie nicht vollständig zerstört hatte. Allerdings traten bei genauerer Betrachtung gleich zwei sich überlagernde Schriften zutage. Die heute wieder recht gut lesbare Inschrift stammt aus dem Jahr 1855. Es ist anzunehmen, dass sie zum 40. Jahrestag der Schlacht bei Waterloo entstand. Diese berühmte Schlacht am 18. Juli 1815 im damaligen Königreich der Vereinigten Niederlande und heutigen Belgien war die letzte des französischen Kaisers Napoleon I. (1769-1821) und führte zu dessen Niedergang und dem endgültigen Ende des Ersten Französischen Kaiserreichs.

Ab 1792 kämpfte Frankreich unter Napoleon in den Koalitionskriegen gegen die Großmächte Preußen, Österreich, Russland und England um die Vorherrschaft in Mitteleuropa – anfangs mit Erfolg. 1806 besetzten französische Truppen auch das Mindener Land, das bis 1810 zum Königreich Westphalen und dann direkt zum Kaiserreich Frankreich gehörte. Im Russlandfeldzug 1812 konnten die Franzosen zunächst weitere Erfolge verbuchen, wurden dann aber nach katastrophalen Verlusten zurückgedrängt. Die Befreiungskriege setzten der Vormachtstellung Frankreichs schließlich ein Ende. Bereits der Sieg über Napoleon in der Völkerschlacht bei Leipzig im Oktober 1813 führte dazu, dass die französischen Truppen am 3. November 1813 das Mindener Land verließen und es wieder preußisch wurde. Groß war der Jubel über das Ende der Franzosenzeit, ausgestanden war der Kampf gegen Napoleons Truppen aber noch nicht. Um die preußische Armee im Kampf gegen die „Grande Armée" zu verstärken, rief der preußische General Friedrich Wilhelm von Bülow (1755-1816) zur Bildung von Landwehr und Landsturm auf. In der ehemals preußischen Provinz Minden-Ravensberg wurde das 2. Westfälische Landwehr-Infanterie-Regiment aufgestellt – es war Teil der preußischen Vorhut, die sich 1815 der Armee Napoleons stellen musste, denn nach seiner Abdankung und dem Exil auf Elba 1814 unternahm er nun einen erneuten Vorstoß zur Machtergreifung. Offenbar gehörten dem Regiment auch viele Freiwillige aus Schlüsselburg an, die 1815 in die Schlacht bei Waterloo zogen und dort ihr Leben ließen. Die Namen der Gefallenen – und nur diese – schrieben die Schlüsselburger auf eine hölzerne Tafel und hängten sie in ihre Kirche. Das war damals übrigens eine neue Form des Gedenkens und erfolgte auf Anordnung des preußischen Königs Friedrich Wilhelm III. (1770-1840). 40 Jahre später überschrieb man die Tafel. „Es kamen nicht nur die Namen der Gefallen darauf, sondern auch die von Schlüsselburgern, die ohne Kriegseinwirkung vor Ort verstorben waren", erklärt der ehemalige Ortsheimatpfleger Jürgen Hannemann. „Vermutlich hat man damals gesagt, unsere Leute hier haben auch viel geleistet und die sollen da auch drauf", nimmt er an. Die Tafel erinnert also nicht nur an die Gefallenen der Befreiungskriege. Sie ist auch ein schönes Zeugnis der Verbundenheit der Schlüsselburger mit ihrer Heimat und mit den Menschen, die sie damals prägten.

Kerstin Rickert

So geht's zur Gedenktafel:

Sie befindet sich in der Schlüsselburger Kirche gleich hinter dem Eingangsportal links an der Wand.

Quellen, Literatur

Angermann, Gertrud: Der Oberst Georg von Holle 1514-1576. Ein Beitrag zur Geschichte des 16. Jahrhunderts. Minden 1966.

Bahe, Dieter: Zwangsarbeiterlager Nammen. URL: http://www.nammen-info.de/index.php/die-geschichte-nammens-2/zwangsarbeiterlager-nammen/. Abgerufen am 28.10.2019.

Battermann, Wolfgang; Peine, Hans-Werner: „Das Ritualbad der jüdischen Gemeinde Petershagen". In: Archäologie in Westfalen-Lippe 2012 (2013), S. 168-172.

Bau- und Kunstdenkmäler von Westfalen. Bd. 50. Stadt Minden. Teil 1, Teilband 2, Festung und Denkmäler. Bearbeitet von Ulf-Dietrich Korn unter Mitarbeit von Thomas Tippach. Essen 2005, S. 206-211.

Blanke, Willy: „Minden - die ‚Stadt der Nachtigallen'". In: Mindener Tageblatt vom 31.05.1969, S. 6.

Brandhorst, Wilhelm: „Zigarren einst Lebensgrundlage. Industriezweig erlebte im Hiller Raum eine Blütezeit / Abstieg nach den Kriegen". In: Mindener Tageblatt vom 29.12.1990, S. 8.

Brehpohl, Wilhelm: „Die ‚Gräfin von Wietersheim'. Eine Tochter Jérôme Napoleons. Ihr Leben und das Schicksal ihrer Familie". In: Mindener Heimatblätter, Minden 1955, Nr. 6/7, S. 68-77 und Nr. 8/10, S. 89-96.

Burmester, Gisela: „Neue Nutzung für alte Zigarrenfabrik. Karin Ressel vom Technikzentrum kauft Gebäude und plant Produktions- und Experimentierbereiche sowie Dorfcafé". In: Mindener Tageblatt vom 16.06.2009, S. 11.

Busch, Reinhard; Reese, Hans: Eisbergen. Porta Westfalica 1996, Band 1, S. 135-138.

Cersne, Eberhard von: Der Minne Regel. Reprint. Hildesheim 1981.

Dallmeier, Herbert: Illustrierte Geschichte des Exerzier- und Flugplatzes Minden-Minderheide. Minden 1998.

Die Heimat. Heimatkundliche Beigabe zum Mindener Tageblatt, Nr. 7: „Der Brudermord in Dankersen. Nach einer geschichtlichen Ueberlieferung aus dem Jahre 1388". Ausgabe vom 09.05.1925.

Dombauverein Minden. URL: https://dombauverein-minden.de/dom-zu-minden/goldene-tafel/. Abgerufen am 12.01.2020.

Gelderblom, Hans: „Steinmetzzeichen im Dom zu Minden". In: Festschrift zur Neuweihe des Domes zu Minden. Paderborn 1957, S. 58-61.

Gerntrup, Wilhelm: „Eisenerz-Abbau im Wesergebirge. Ein zufälliger Fund stand am Anfang". In: Mindener Tageblatt vom 18.05.1988, S. 14.

Hahn, Albert: Geschichte des im Stiftsbezirke Lokkum gelegenen Flekkens Wiedensahl. Ein deutsches Dorfbild aus der Väter Tagen. Hannover 1898, S. 94-97.

Hannoverscher Anzeiger: Der Stein in Dankersen. 04.02.1903.

Haunhorst, Dirk: „Notfähre kentert mitten im Fluss. Wenige Tage nach Kriegsende starben in Eisbergen zwölf Menschen bei einem tragischen Unglück". In: Mindener Tageblatt vom 13.05.2005, S. 13.

Haus Windheim No2. URL http://www.windheimno2.de. Abgerufen am 20.02.2020.

Heimatverein Dankersen: „Christian-Kipp-Platz". URL: https://dankersenonline.de/?page_id=161. Abgerufen am 17.01.2020.

Heimatverein Holzhausen II : Homepage. URL: www.hvh2.de. Abgerufen am 01.02.2020.

Heimat- und Gartenbauverein Hille: „Geschichte der Kornbrennerei". URL: https://www.altebrennereihille.de/alte-brennerei/geschichte-der-kornbrennerei/. Abgerufen am 28.11.2019.

Heringsfängermuseum Heimsen. URL: https://www.heringsfaengermuseum.de/index.php/

museum/historie.html. Abgerufen am 17.02.2020.

Hoppe, Werner: „Keine Party zum 90. Brückengeburtstag. Blick in die Geschichte der Eisberger Weserquerung / Sie ist zwei Jahre älter als offiziell ausgewiesen". In: Mindener Tageblatt vom 24.02.2012, S. 9.

Jakobi, Paul: Die neue Goldene Tafel im Dom zu Minden. Paderborn 2002.

Jost, Bettina; Korn, Ulf-Dietrich: „St. Martini. Ehemalige Stifts- und Pfarrkirche. Jetzt evangelische Pfarrkirche". In: Bau- und Kunstdenkmäler von Westfalen. Bd. 50. Stadt Minden. Teil III, Altstadt 2, Die Stifts- und Pfarrkirchen. Bearbeitet von Peter Barthold, Claus Peter und Monika M. Schulte. Essen 2003, S. 264-477, S. 307.

Kapries, Ralf: „Gaslicht - altes Kulturgut mit Zukunft". In: Mindener Tageblatt vom 13.07.2010, S. 14.

Kapries, Ralf: „Laxburg in freundlichem Licht besehen". In: Mindener Tageblatt vom 31.12.2010, S. 25.

Kaspar, Fred: Bau- und Kunstdenkmäler von Westfalen, Band 50, Teil IV, Altstadt. Die Profanbauten. Essen 2000, S. 21-87, 364-372.

Kaspar, Fred: Bau- und Kunstdenkmäler von Westfalen, Band 50, Teil V. Minden außerhalb der Stadtmauern. Essen 1998, S. 336 f., 392-395, 606-607, 1215-1218, 1235-1247, 1507-1520.

Kath. Kirchengemeinde St. Joseph Mastbruch: „Mastbruch in Geschichte und Gegenwart". URL: http://www.sankt-joseph-mastbruch.de/gemeinde_joseph.html. Abgerufen am 25.01.2020.

Koch, Stefan: „Ahnungslos zur Ahnenstätte". In: Mindener Tageblatt vom 06.10.2017, S.3.

Kölling, Reinhold: Das Unglück in Veltheim am 31. März 1925. URL: http://www.veltheim-weser.de/Historisches/. Abgerufen am 14.11.2019.

Korfesmeyer, Carsten: „Verwirrungen zum Ende einer Bahnruine. Abriss der ‚Grünen Brücke' zwischen Barkhausen und Neesen läuft weiter / Stadt hat keine offiziellen Informationen". In: Mindener Tageblatt vom 24.12.2013, S. 13.

Kröger, Hannelore; Best, Werner: Porta Westfalica - Barkhausen: Ein Gang durch die Jahrtausende. Porta Westfalica o.J.

Krohm, Hartmut; Suckale, Robert: Die Goldene Tafel aus dem Mindener Dom. Berlin 1992.

Lange, Thomas; Wilke, Karsten: „Die Ahnenstätte Seelenfeld in Petershagen 1929-2019. Eine Manifestation völkischer Ideologie im ländlichen Raum". Petershagen 2019. URL: www.petershagen.de/media/custom/2703_1609_1.PDF?1576144557. Abgerufen am 20.02.2020.

Langenkämper, Jürgen: „Ins Goldene Buch trägt sich kein Kanzler ein. Immer nur auf Wahlkampftour: Von Adenauer bis Merkel kommen viele Regierungschefs nach Minden". In: Mindener Tageblatt vom 27.08.2013, S. 5.

Langenkämper, Jürgen: „Rechnen für den Staat. Erst eine Reform von 1919/20 machte die Steuerverwaltung zu dem, was sie heute ist. Damals bekam auch Minden sein eigenes Finanzamt". In: Mindener Tageblatt vom 20.12.2019, S. 3.

Mews, Karl: „Dinnendahl, Johann". In: Neue Deutsche Biographie (NDB), Band 3. Berlin 1957, S. 732-733.

Mindener Tageblatt vom 23.01.1913, 14.12.1929, 13.02.1958, 22.02.1958, 12.10.1963, 04.02.1975, 01.11.1977, 06.07.1979, 23.09.1983, 07.11.1984, 31.01.1985, 28.08.1986 im Online-Archiv des Mindener Tageblatts. URL: https://www.mt.de/archiv. Abgerufen am 15.12.2019, 12.02.2020, 24.02.2020.

Mindener Tageblatt: „Straßenbrücke über die Weser bei Eisbergen". Ausgabe vom 14.12.1920, S. 3.

Mindener Tageblatt: „Das griechische Königspaar in Minden". Ausgabe vom 21.09.1956, S. 3.

Mindener Tageblatt: „Johann Dinnendahl. Ein Industrieller lebte auch in Minden". Ausgabe vom 28.04.1959, S. 3.

Mindener Tageblatt: „Erste Zigarrenfabrik in

Südhemmern. Die Verarbeitung des Tabaks und ihre wirtschaftliche Bedeutung". Ausgabe vom 25.03.1960, S. 6.

Mindener Tageblatt: „Tradition und Fortschritt waren stets die tragenden Säulen. 100 Jahre Firma Adolf Kemena / Einer der ältesten Mindener Betriebe". Ausgabe vom 04.05.1962, S. 3 f.

Mindener Tageblatt (-rp): „Durch Wagemut von sechs Landwirten wurde vor 75 Jahren die Mindener Molkerei gegründet. Jubiläum der zweitältesten Molkerei Westfalens". Ausgabe vom 14.05.1963, S. 3.

Mindener Tageblatt: „Lerbeck - älter als urkundlich erwähnt. Amtsheimatpfleger Wiegelmann sprach auf dem ersten Kulturabend der Gemeinde über die Geschichte des Dorfes". Ausgabe vom 19.01.1965, S. 5.

Mindener Tageblatt: „Labsal für Durstige aus alten Kasematten. 125 Jahre Getränkehandel Adolf Kemena in Minden". Ausgabe vom 01./2.05. 1987, S. 4.

Mindener Tageblatt (Wr): „Gedenkstein zum Fährunglück. Augenzeugen der Eisberger Tragödie von 1945 erinnern sich / Zwölf Steine für die Toten". Ausgabe vom 09.10.1991, S. 10.

Minden-Lübbecker Kreisblatt vom 20.08.1913, S. 3, vom 23.03.1915, S. 7.

Momburg, Rolf: Die Zigarrenmacher. Aus der Geschichte der Zigarrenindustrie im Minden-Lübbecker Land von 1830 bis zur Gegenwart. Hüllhorst 1996.

Mühlenverein Minden-Lübbecke URL: https://www.muehlenverein-minden-luebbecke.de/muehlen/details.php?ID=11. Abgerufen am 07.02.2020.

Münstermann, Albert; Heinrich, Wolfgang: Porta Westfalica - Portrait einer Landschaft. Porta Westfalica 1998, S. 28.

Nordsiek, Marianne: „Ein vergessenes Wittekinddenkmal". In: Mitteilungen des Mindener Geschichtsvereins 49 (1977), S. 149-152.

Orzschig, Christiane: Die Liebsten ruhn schon lange - Der Alte Friedhof in Minden. Bielefeld 1998, S. 118 ff.

Panthöfer, Sven: „Ruß, Gestank und Rüböl-Lampen". In: Mindener Tageblatt vom 11.12.2019, S. 3.

Parent, Thomas (Hrsg.): Glashütte Gernheim, Museumsführer. Dortmund 1998.

Peußner, Friedrich: „Moltketurm auf dem Wittekindsberge". In: Mindener Tageblatt vom 19.06.1950, S. 4.

Plöger, Oliver: „Gedenktafel war Lukentür auf dem Heuboden". In: Mindener Tageblatt vom 04.12.2015. URL: https://www.mt.de/lokales/petershagen/20643503_Gedenktafelwar-Lukentuer-auf-dem-Heuboden.html. Abgerufen am 16.10.2019.

Pöhler, Manfred; Fehring, Heinrich; Seele, Henning; Duwenkamp, Adelheid: Die wechselvolle Geschichte von Frille. Frille 2018.

Polte, Hans-Martin: „Außergewöhnliche Persönlichkeiten". In: Porta extra, Das extra vom Mindener Tageblatt, Mai 2018, S. 26-27.

Pook, Karl: „Der Brudermord in Dankersen. Eine Bauernerzählung aus alter Zeit". In: Mindener Tageblatt vom 13.06.1953, S. 6; 17.06.1953, S. 9; 18.06.1953, S. 4; 20.06.1953, S. 7.

Preussenchronik.de: „Seidenraupenzucht". URL: https://www.preussenchronik.de/begriff_jsp/key=begriff_seidenraupenzucht.html. Abgerufen am 16.01.2020.

Rautenberg, Wilhelm: „Holle, Georg (Jürgen) v.". In: Neue Deutsche Biographie (NDB), Band 9. Berlin 1972, S. 540 f.

Reese, Hans: „Eisberger sparten einst für ihre Brücke. Vor 75 Jahren konnte Weserquerung feierlich eingeweiht werden / Landwirte gaben Anstoß / Wechselvolle Geschichte erlebt". In: Mindener Tageblatt vom 13.12.1995, S. 11.

Schröder, Wilhelm: „Die gemeinnützigen Stiftungen des Heinrich Ludwig Schumacher (1779-1856) und seines Sohnes Carl Wittekind (1818-1870) zu Wedigenstein". In: Mitteilungen des Mindener Geschichtsvereins, Nr. 4, Jahrgang 61, 1989, S. 91-104.

Schulze, Georg: Die Provinz Westfalen.

Minden 1900, S. 126-131.

Speitel, Georg: „Das Holle-Epitaph in der St. Marienkirche zu Minden. Versuch einer Zuschreibung an Vater und Sohn Eckbert Wulff aus Hildesheim". In: Mindener Mitteilungen 56 (1984), S. 113-120.

Steffen, Martin: „Tierisches in ‚Geilbockshausen'". In: Mindener Tageblatt vom 01.09.2007, S. 19.

Synagoge Petershagen. URL: www.synagoge-petershagen.de. Abgerufen am 20.02.2020.

Technikzentrum Minden: URL: www.technikzentrum-minden-luebbecke.de. Abgerufen am 20.02.2020.

Tiemann, Volker: „Die Kirche zu Oberlübbe". In: Publikationen des Heimatvereins „Zwischen Berg und Bruch", Hille 2018.

Trube, Klaus: Private Sammlung zur Biografie von Melanie von Schlotheim. Löhne o.J.

Tümpel, Hermann: „Denksteine im Mindenschen". In: Ravensberger Blätter 13 (1913), S. 67.

Wähler, Heinz (-er): „Minden fusioniert mit Herford/Bielefeld. Die größte Molkerei in Westfalen-Lippe". In: Mindener Tageblatt vom 22.01.1969, S.3.

Watermann, Karl (wn): „Nammens Bergbau-Tradition. Vor 50 Jahren rollte der erste Erzwaggon". In: Mindener Tageblatt vom 09.08.1989, S. 9.

Watermann, Karl (wn): „Große Waschkaue für die Kumpel. Anfang des Ersten Weltkrieges wurden 150000 Tonnen jährlich gefördert". In: Mindener Tageblatt vom 12.08.1989, S. 10.

Wikipedia: „Befreiungskriege". URL: https://de.wikipedia.org/wiki/Befreiungskriege. Abgerufen am 06.01.2020.

Wikipedia: „Carl von Schlotheim". URL: https://de.wikipedia.org/wiki/Carl_von_Schlotheim. Abgerufen am 19.01.2020.

Wikipedia: „Jerome Bonaparte". URL: https://de.wikipedia.org/wiki/Jérôme_Bonaparte. Abgerufen am 19.01.2020.

Wikipedia: „Kapelle Maria Magdalena Südhemmern". URL: https://de.wikipedia.org/wiki/Kapelle_Maria_Magdalena_(S%C3%BCdhemmern). Abgerufen am 12.02.2020.

Wikipedia: „Melanie von Schlotheim". URL: https://de.wikipedia.org/wiki/Melanie_von_Schlotheim. Abgerufen am 19.01.2020.

Wikipedia: „Römerlager Porta Westfalica". URL: https://de.wikipedia.org/wiki/R%C3%B6merlager_Porta_Westfalica. Abgerufen am 05.01.2020.

Wikipedia: „Schlüsselburg". URL: https://de.wikipedia.org/wiki/Schl%C3%Bcsselburg_(Petershagen). Abgerufen am 10.02. 2020.

Wikipedia: „Preußische Neuaufnahme". URL: https://de.wikipedia.org/wiki/Preu%C3%9Fische_Neuaufnahme. Abgerufen am 29.01.2020.

Wikipedia: „Zucker". URL: https://de.wikipedia.org/wiki/Zucker. Abgerufen am 24.01.2020.

Winter, Henning: „Heidestrasse 10, ehemalige Kaiserliche Oberpostdirektion, heute Finanzamt". In: Bau- und Kunstdenkmäler von Westfalen. Bd. 50. Stadt Minden, Teil V, Teilband 1. Bearb. von Fred Kaspar u. a., Essen 1998, S. 575-586.

Ziesing, Dirk: Das Minden-Ravensberger Landwehr-Infanterie-Regiment (2. Westfälisches) in den Befreiungskriegen 1813-1815. Münster 2016, S. 9-15.

Haftungsausschluss

Trotz intensiven Austauschs mit unseren Gesprächspartnern, gewissenhafter Literaturrecherche und aufmerksamem Korrekturlesen erheben wir weder einen Anspruch auf Vollständigkeit noch auf Fehlerlosigkeit. Wir haben streng darauf geachtet, keine Urheberrechte zu verletzen, unsere Recherchen sind nach bestem Wissen und Gewissen erfolgt. Dennoch übernehmen wir keinerlei Gewähr für die Aktualität, Korrektheit oder Vollständigkeit der bereitgestellten Informationen. Haftungsansprüche gegen uns schließen wir grundsätzlich aus.